PASSOS COM HISTÓRIA NO
RIO DE JANEIRO

José Manoel de
Souza e Silva

PASSOS COM HISTÓRIA NO
RIO DE JANEIRO

autografia

EDITORA AUTOGRAFIA
Rio de Janeiro, 2015

EDITORA AUTOGRAFIA
Editora Autografia Edição e Comunicação Ltda.
Av.Rio Branco, 185, sala 2105 – Centro
Cep: 20040-007
Rio de Janeiro

Passos com história no Rio de Janeiro
SILVA, José Manoel de Souza e

1ª Edição
Novembro de 2015
ISBN: 978-85-5526-349-1

Todos os direitos reservados.
É proibida a reprodução deste livro com fins comerciais sem
prévia autorização do autor e da Editora Autografia.

SUMÁRIO

PREFÁCIO

S OU UMA PESSOA BASTANTE INTERESSADA EM HISTÓRIA. É ESTA que, antiga ou contemporânea, tal como se apresenta, está na base de todo conhecimento, de qualquer natureza, além de ser, por si só, o estudo que apresenta o Homem de tempos imemoriais até este atual, que continua deixando suas marcas cotidianamente, seja pela transformação de costumes, seja pela evolução transparente em suas inovações.

Na escola, era uma das minhas disciplinas preferidas, mesmo que, naquela época, os professores, *inexplicavelmente*, não se aprofundassem nos temas históricos estudados. Por isso, é necessário confessar que a própria história da cidade do Rio de Janeiro, onde nasci, não era mais do que a data de sua fundação, o evento "chegada da Família Real ao Brasil", datas comemorativas e feriados importantes. Vamos convir, muito pouco para um período de tempo tão longo e importante quanto repleto de acontecimentos e transformações.

Assim, muito tempo depois, chegou às minhas mãos o rascunho deste livro *"Passos com História"*, de José Manoel de Souza e Silva, que me fez conhecer muitos fatos da história carioca como se eu estivesse passeando pelo Centro da cidade; olhando os prédios, as muitas igrejas, as praças, e principalmente o mar, por onde tudo começou, imaginava tudo que ali havia acontecido como resultado dos encontros da política e da religião, dentre outros, com um povo em formação.

No entanto, a leitura do livro estranhamente não me fazia apenas olhar para os cantos da cidade e comentar o estado de conservação em que se encontravam; me faziam, principalmente, ver e sentir o que estava por trás daquilo tudo e, mais do que isso, entender, por meio da crítica produzida, e as várias inserções do futuro no passado, a razão pela qual atualmente olha-se para os locais históricos do Centro e não é possível ver realmente os motivos que os tornaram tão esquecidos, tão distantes de nossa memória.

Por outro lado, o que é a História sem a crítica? Para mim, apenas uma descrição de fatos cronológicos, interligados ou não , um reporte de uma situação ou outra. Desta forma, me parece que algo fica faltando. A pergunta que surge imediatamente é: Por que isto aconteceu? Qual a razão de ter acontecido tal coisa em vez de outra? O que motivou tudo isto? Diferentemente, em "Passos com História", o leitor encontrará a explicação de um fato relacionado ao exercício do "pensar" sobre o fato narrado. Durante a leitura, se descortina uma outra realidade, sem fantasia, da cidade do Rio de Janeiro. Uma cidade com a qual o leitor talvez nunca tenha se defrontado. Trata-se, portanto, de boa leitura e, principalmente, boas descobertas neste passeio pelas antigas ruas, prédios e costumes da, ainda, e não se sabe por quanto tempo, Cidade Maravilhosa.

José Manoel de Souza Silva, autor de "Passos com História", é quem nos conduz por este passeio pela cidade do Rio de Janeiro, e o faz com o profundo compromisso pessoal de provocar nos leitores a mesma sensação que tem a respeito do descaso com que governantes encararam e encaram a tarefa de manter, de estimular a memória do carioca e daqueles que visitam a cidade, sejam brasileiros ou não.

José Manoel, professor de História por quase vinte anos, também graduado em Direito, apaixonado por fotografia, perceptível pelas inúmeras ilustrações presentes em seu texto, sempre preferiu a História "não oficial", justamente aquela que nos apresenta os bastidores da cidade, investindo nas histórias que os livros didáticos muitas vezes não revelam. Sua motivação principal, claramente abordada na obra em questão, está diretamente relacionada a contar a história da cidade exatamente como é, sem fantasias, sem exaltações, tomando partido da construção da memória de um povo e que é, bem ou mal, a nossa história.

José Manoel, ao finalizar seu livro, promete voltar em breve para continuar seu passeio, avançando cronologicamente no passado, levando-nos, leitores, pelos caminhos de nossa vaga memória. Esperemos!

Maria de Fátima Santana Paschoal
GRADUADA EM LETRAS, LICENCIATURA EM PORTUGUÊS/LITERATURA

I

APRESENTAÇÃO

A O REGRESSARMOS DA EUROPA EM 2012, REFLETÍAMOS SOBRE a importância da cultura e conhecimento de um povo. Inegavelmente, fatores imprescindíveis para o desenvolvimento de qualquer país. A Declaração de Caracas – 1992 anunciou que "O Patrimônio Cultural de uma nação, de uma região ou de uma comunidade é composto de todas as expressões materiais e espirituais que lhe constituem, incluindo o meio ambiente natural", ou seja, o legado herdado e transmitido às gerações futuras.

Foi o que presenciamos em várias cidades italianas como Montepulciano, Montalcino, Pienza, San Gimignano, Siena, Florença, Roma, Verona, Veneza, entre outras. Viagem incrivelmente interessante sob todos os aspectos.

No retorno, e ainda sob o efeito do forte impacto cultural em razão principalmente da preservação de monumentos históricos e até de cidades inteiras, uma indagação surgiu quase que naturalmente. E o Rio de Janeiro?

De acordo com Gilberto Gil, e apesar dos governos muito comprometedores das últimas décadas, o Rio continua lindo. Paul Claudel, diplomata, dramaturgo e poeta (1868 – 1955), escreveu no início do século passado que "*o Rio de Janeiro é a única cidade grande que eu conheço que não conseguiu banir a natureza*". Não temos, no entanto, tanta convicção de que continua tão lindo assim, principalmente em razão de muitas destruições, demolições, invasões, degradações ambientais, problemas sociais e vai por aí a fora. A bela Baía de Guanabara, estimada em 468 km2 no século XVI, reduziu-se a 377 km2 nos dias atuais e sem o respeito necessário à natureza que Deus nos deu. Enfim, o Rio é um canto e um conto instigante e lúdico, que se diferencia do resto do país, porque, por um lado, é marcado pela ampla diversidade: riqueza e pobreza, morros e aterramentos, beleza das praias e violência das ruas, favelas, natureza suntuosa e poluição. Por outro, a riquíssima história da cidade, aliada ao espírito carioca, que fazem despertar, pelo mundo a fora, um contagiante açulamento a quem chega. Os de fora, portanto, ficam até embevecidos com a ordem e a desordem, com o "R" arrastado, com o "S" com som de "X", com a carioquice envolvente da simpatia, informalidade, sensualidade, leveza, "zoação", a ginga, o batuque no coração e a transgressão. Como disse o poeta Álvaro Capistrano, "Ser carioca, é simplesmente um jeito solene de ser". O escritor, poeta, diplomata, músico e boêmio Vinicius de Morais, por sua vez, dizia que "Ser carioca é uma definição de personalidade".

Aqui, vale estabelecer que carioca é aquele que nasce no Rio de Janeiro ou aquele que não nasce, mas acaba adotando a cidade para viver. Já a carioquice é o atributo do carioca com qualidades e defeitos como os acima mencionados. Aliás, em 01/03/2015, foi publicado na edição histórica dos 450 anos da cidade o decreto municipal que declara a condição **carioca e a carioquice,** bens culturais do Rio passíveis de registro como Patrimônio Cultural Imaterial da Cidade.

Por tudo isso, resolvemos dar um mergulho no Rio, bem no Centro Histórico, a começar pela Praia da Piaçava, a fim de visitar histórias da cidade vividas, cantadas e contadas por índios, brancos, negros e demais seres, que fizeram surgir a tão conhecida e apaixonante "Alma Carioca". Em outras palavras, o que pretendemos nessa primeira parte de "**Passos com história**", é resgatar um pouco do que as gerações passadas deixaram como vivência e experiência e que nos proporcionou entender o processo no qual, de uma forma ou de outra, estamos todos inseridos. Neste contexto, marcamos o nosso entendimento sobre isso ou aquilo, ainda que tudo, ou quase tudo, possa ser visto por ângulos diversos. Como bem diz Luiz Fernando Veríssimo, "**Quando a gente acha que sabe todas as respostas, vem a vida e muda todas as perguntas**".

"Eu preparo uma canção
que faça acordar os homens
e adormecer as crianças."

Trecho do poema " Canção amiga" de Carlos Drummond de Andrade.

‖

INTRODUÇÃO

INICIALMENTE, ANTES DE ABRIR AS PORTAS DAS HISTÓRIAS AQUI destacadas e entrelaçadas na linha condutora e imaginária do tempo, algumas considerações, a meu ver, são necessárias para nos situar melhor no contexto que se pretende.

Sabemos que o Brasil é pura miscigenação. A nossa diversidade é sem dúvida o principal aspecto da nossa formação cultural e étnica. Esta foi formada pelos índios, portugueses, imigrantes de quase todas as partes e por negros oriundos da África. Esta é a primeira janela, ressaltando desde já que a raça predominante aqui e em todos os outros lugares é a raça humana. Sendo assim, o que diferencia uma sociedade de outra são as características conjunturais, contextuais e culturais que foram ou vão se formando com o passar do tempo. A demarcação territorial, por outro lado, não define ou não é predominante na formação de um grupo, sociedade ou nação.

A mestiçagem no Brasil, por exemplo, ocorreu mediante inúmeras formas, sendo que uma delas, apenas para ilustrar, foi o **cunhadismo** que consiste na entrega de uma moça índia, como mulher, a um estranho, ou seja, uma espécie de parentesco reconhecido e praticado pelos primeiros ocupantes da terra brasileira. E, nesse caso, o estranho passava a integrar o grupo ou a família da índia. Daí surgiu o nosso conhecido "cunhado".

Outra questão que me parece relevante para leitura dos capítulos do livro é que a formação do povo brasileiro não foi pacífica, muito pelo contrário, foi extremamente violenta. Logo nos primeiros séculos de dominação portuguesa, milhares de grupos indígenas foram exterminados, como veremos em capítulo próprio. Da mesma forma, não foi diferente em relação aos africanos, arrancados de suas culturas para trabalhar como escravos em terras distantes, jogados à própria sorte e marginalizados.

Fonte: Google – Imagens da formação do povo brasileiro – educador.brasilescola.com

Para Darcy Ribeiro, o *"surgimento de uma etnia brasileira, inclusiva, que passa a envolver e acolher a gente variada que aqui se juntou, passa tanto pela anulação das identificações étnicas de índios, africanos e europeus, como pela indiferenciação entre as várias formas de mestiçagem, como os mulatos (negros com brancos), caboclos (brancos com índios) ou curibacos (negros com índios)"*.

Ao contrário de Gilberto Freire, que acreditava, salvo melhor entendimento *"que a miscigenação que largamente se praticou aqui, corrige a distância social que de outro modo se teria conservado enorme entre a casa-grande e a senzala"*, Darcy não entendia a miscigenação como sinônimo de "democracia racial", aliás, para muitos, uma utopia. Para ele, antes da democracia racial, seria necessário em primeiro lugar, a democracia social. Nessa linha de raciocínio, Darcy destaca a estratificação de classes que marcou a história do Brasil com grande desigualdade entre pouquíssimos ricos e numerosos pobres, ressaltando ainda a desumanização nas relações de trabalho.

De qualquer forma, é inegável, por outro lado, a importância de Casa-Grande.& Senzala na medida em que o autor conseguiu, ainda que teoricamente, a façanha de dar caráter positivo ao mestiço em decorrência da fusão de raças e culturas, garantido, pois, a especificidade e originalidade do brasileiro diante de outros povos.

A nossa formação étnica e cultural, portanto, se deu, em apertada síntese, nesse campo recheado de adversidades, conflitos, explorações, tragédias e também de riquezas culturais oriundas das diversidades e que fizeram surgir o povo brasileiro com suas crenças, línguas, costumes, vitórias, derrotas, comidas típicas, festas e danças. As diferenças são óbvias e latentes. Não há um comportamento, mas inúmeras manifestações diante de tanta riqueza cultural. Como bem escreveu Maria Clementina Pereira Cunha no prefácio do livro "O Império do Divino", Ed. Nova Fronteira, pg. 17, *"Não há, assim, um único lundu que possa funcionar como metáfora da nacionalidade, mas ele pode ser (...) um idioma comum através do qual diferenças se expressem e circulem no permanente jogo de ressignificação, que confere movimento e historicidade à cultura".*

Quanto à discussão do significado e das diferenças entre cultura popular e erudita, no sentido de que esta se refere aos dominantes e aquela aos dominados, inteira razão, a meu ver, tem Martha Abreu em seu livro "O Império do Divino", quando chama atenção para o fato de os conceitos entre essa e aquela cultura, deverem ser revistos. Eu, por exemplo, acho incrível ir à Pedra do Sal, perto da Praça Mauá e do cais do porto; vivenciar aquele clima espiritual, musical, envolvente e decorrente da memória cultural inequivocamente verdadeira, a meu sentir. Por outro lado, fiquei da mesma forma deslumbrado quando tive a oportunidade de visitar obras como as de Botticelli, Da Vinci e Rafael na Galeria Uffizi e o grande e espetacular "Davi" de Michelangelo na Galleria dell'Accademia, também em Florença, na Itália.

O que é cultura? Também acho que é um fenômeno complexo e polissêmico. Adorei o relato da experiência contada e vivida pela autora de "O Império do Divino", às fls. 24 e 25, que aproveito (para pedir licença e) para relatar.

A experiência foi na Escola Tia Ciata, Av. Presidente Vargas, Centro do Rio de Janeiro, quando a autora mencionada era coordenadora de um projeto de educação para jovens de rua. Ela conta que, em uma determinada ocasião, iriam receber as visitas do Governador Leonel Brizola e do Vice-Governador Darcy Ribeiro e que era preciso preparar com os seus alunos, uma apresentação para os ilustres visitantes. Os meninos imediatamente resolveram apresentar um samba e logo apareceu Cristiano, o maestro do grupo com apenas

12 anos de idade. Segundo a coordenadora, ele *"tinha olhos cheios de alegria e batucava como ninguém"*. Aliás, à época, este mesmo grupo, liderado por Cristiano, hoje falecido como tantos outros, fundou a "Escola de Samba Mirim do Sambódromo". Mas, voltando à questão da apresentação, vários ensaios foram feitos e, no dia "D", tudo aconteceu completamente diferente, ou seja, os meninos e as meninas entraram no local marcado antecipadamente *"como se estivesse valendo"*. Sob o comando de Cristiano, entraram na Avenida como heróis e foram aplaudidíssimos pelos alunos das outras escolas. Martha Abreu informa que, naquele momento, os meninos resolveram desfilar sem ensaio algum, como se sempre soubessem o que iriam fazer. No mesmo momento, ela percebeu que os meninos simplesmente fizeram o que receberam de herança.

O Governador e o Vice-Governador gostaram e, segundo informações, teriam ficado sensibilizados e emocionados com a singeleza da apresentação. A professora, por sua vez, ficou impressionada com a surpreendente criatividade e capacidade de inovação que os seus alunos demonstraram. Ao mesmo tempo, a partir daquele momento, quis entender melhor a complexa relação entre os representantes de uma certa cultura popular e os demais segmentos da sociedade. O desafio acabou tornando-se um dos temas centrais de uma pesquisa histórica.

À primeira vista, a memória parece uma coisa inerte, lembranças do que já aconteceu no passado e, portanto, não tem qualquer ligação com os fatos posteriores, mesmo tendo ocorrido em outras gerações. Mas, parece que não é bem assim. A memória, ao contrário, é dinâmica e, por isso, vive de alguma forma, passando de geração para geração no movimento da linha ou do processo evolutivo de determinado grupo. Sendo assim, ao ser invocada no presente remete ao passado, mas sempre tendo em vista o futuro.

O poeta e escritor José Saramago dizia que, *__Fisicamente habitamos um espaço, mas, sentimentalmente, somos habitados por uma memória__*.

Esse assunto é interessante e instigante e, por isso mesmo, em outros momentos deste livro, voltaremos a conversar com mais detalhes. Por enquanto, é o que precisamos para abrir as portas do nosso contexto.

VINDA DA FAMÍLIA REAL PARA O BRASIL

PARA COMEÇAR, ELEGEMOS UM IMPORTANTE FATO HISTÓRICO que, para alguns historiadores, foi o início da formação do estado moderno brasileiro. Estamos nos referindo à vinda da família real para o Brasil, em 1808, sendo importante ressaltar, em síntese, como e por que, aconteceu.

No ano de 1804, Napoleão Bonaparte proclamou-se Imperador da França. Entre 1805 e 1810, conquistou praticamente toda a Europa com exceção da Inglaterra. Em 1807, visando isolar e enfraquecer o grande empecilho para o domínio francês no velho continente, enviou ao então príncipe regente Dom João um ultimato, forçando-o a declarar guerra aos britânicos. O plano, conhecido como "bloqueio continental", em resumo, era o seguinte: o país que continuasse a manter relações comerciais com a Inglaterra seria invadido pelas temíveis tropas do imperador francês. Ora, ao contrário do que dizia Mao Tsé-Tung, o poder não pode ser tão somente aquilo que nasce da ponta de um fuzil, contudo, este, normalmente, é o entendimento de um ditador e Napoleão Bonaparte não era diferente.

A família real portuguesa ficou então encurralada entre duas hipóteses desastrosas: romper com a Inglaterra, um antigo e poderoso aliado, ou desafiar as forças francesas.

Portugal postergou a decisão o máximo possível, fingindo inclusive ter bloqueado seus portos aos britânicos. Napoleão, no entanto, convencido da artimanha luso-britânica determinou em novembro de 1807 que o general Andoche Junot invadisse Portugal. No dia 29 de novembro, daquele mesmo ano, ao mesmo tempo em que família real e toda sua corte zarpavam em fuga para a colônia brasileira, o General Junot cumpria as ordens de Napoleão, invadindo Lisboa, sem sofrer, pelo menos naquele momento, qualquer resistência por parte dos portugueses.

JANELA DE CONSIDERAÇÕES HISTÓRICAS

Portugal nos séculos XVIII e XIX já era um país em decadência militar e econômica.

Aliás, vale observar que, durante 3 séculos de dominação do quintal brasileiro, os portugueses que se tornaram extrativistas por excelência saquearam e devastaram toda e qualquer riqueza por aqui existente, enquanto a Inglaterra liderava a Revolução Industrial no final do século XVIII. Portugal nessa época era um país fundamentalmente colonialista, dependente economicamente da Inglaterra e consumidor voraz das mercadorias inglesas. Dessa forma, o ouro extraído do Brasil, por exemplo, muitas vezes nem passava pela metrópole portuguesa, seguindo direto à Inglaterra para pagamento de dívidas. Como informa Boris Fausto, "Em meados do século XVIII, Portugal se tornara um país atrasado com relação às grandes potências europeias. Dependia da Inglaterra, de quem em troca recebia proteção diante da França e da Espanha."

Por ocasião de uma visita que fizemos ao mosteiro dos Jerônimos em Lisboa, no final de 2012, ficamos impressionados com a fantástica arquitetura manuelina e também com a riqueza proveniente do comércio das especiarias asiáticas. Ao mesmo tempo, saímos daquele riquíssimo monumento arquitetônico construído no século XVI com a sensação de que os portugueses realmente consideravam que toda aquela riqueza conquistada e acessível, em razão da expansão ultramarina, não acabaria jamais e, por isso mesmo, optaram por uma economia de quintal extrativista em detrimento dos investimentos necessários com a chegada dos novos tempos.

Duas imagens do incrível Mosteiro dos Jerônimos.

Talvez essas imagens não demonstrem com clareza a riqueza dos deta-lhes e, por conseguinte, o que representou e continua a representar aque-le monumento do século XVI construído pelos portugueses.

À época, Portugal possuía poder econômico mais que suficiente para tri-lhar outros caminhos que não fossem tão somente o colonialismo extrati-vista. A paralisia e a falta de visão dos governos monárquicos contribuíram e muito para a decadência de Portugal nos séculos seguintes.

"Os homens fecham as portas contra o sol que se põe" dizia William Shakepeare.

Como mencionado anteriormente, o General Junot não teve qualquer dificuldade para invadir e dominar Portugal. Os franceses usaram inclusive a Torre de Belém para bombardear os navios lusos que fugiam como o rato foge do gato, tendo atingido apenas uma das embarcações que, por isso, não pôde seguir viagem.

Torre de Belém – Lisboa – Portugal. Outro fantástico monumento da arquitetura manuelina, muito utilizado para orientar as embarcações que saíam e chegavam a Lisboa à época das grandes navegações.

Por pouco, as tropas francesas não conseguiram impedir a fuga da família real para a colônia brasileira. A esquadra portuguesa era composta por oito naus, cinco fragatas, três brigues e trinta navios mercantes, além de uma escolta de quatro navios britânicos de guerra.

Para o Brasil, foi muito importante a fuga da corte portuguesa para o Rio de Janeiro porque começava exatamente ali a rápida e profunda transformação da antiga colônia portuguesa que logo se tornaria independente politicamente.

D. João chegou primeiramente à Bahia, no dia 22 de janeiro de 1808. Seis dias após, assinou um decreto abrindo os portos do Brasil "a todas as nações amigas". No dia 08 de março de 1808, a família real com toda a sua enorme comitiva desembarcou no Rio de Janeiro no cais do Largo do Carmo, depois Largo do Paço e atualmente Praça XV de Novembro.

Chegamos, pois, ao Rio Antigo do início do século XIX, já mostrando uma gravura do Mestre Debret, do Cais do Largo do Carmo onde desembarcou D. João com toda a sua comitiva e aproximadamente 350 lacaios.

Cais do Largo do Carmo onde chegou a família real em 1808.

A gravura do Mestre Jean-Baptiste Debret acima proporciona a identificação das edificações que existiam no Rio de Janeiro, à época da chegada da família real portuguesa.

1. *O Cais do Largo do Carmo e o chafariz da pirâmide onde ocorreu o desembarque português;*

2. *Ao lado esquerdo da gravura, o Paço imperial;*

3. *Do lado direito, a edificação da família Telles de Menezes;*

4. *Ao fundo, à direita, a Igreja do Carmo e a Igreja da Ordem Terceira do Carmo;*

5. *Ao lado esquerdo da Igreja, o Convento do Carmo.*

Imagem de Ferrez, Marc da Praça D. Pedro II, atual Praça XV de Novembro, feita por volta de 1895. Fonte Gilberto Ferrez.

IV

O ANTIGO CAIS DO LARGO, O CHAFARIZ DA PIRÂMIDE E O HOTEL E CAIS PHAROUX

O PRÍNCIPE REGENTE COM TODA A SUA COMITIVA DESEMBARcou no antigo Cais do Largo do Carmo. O mar chegava ali como se pode perceber na gravura do Mestre Debret na página anterior. O mergulhão, a perimetral, assim como todos os outros prédios existentes entre o antigo cais e a orla, foram construídos no espaço que era do mar. Os aterros subsequentes alteraram drasticamente a paisagem natural, deixando o chafariz afastado do mar.

O cais do Largo era onde as embarcações menores atracavam fazendo a ligação com os grandes veleiros que chegavam ao Rio de Janeiro. Dessa forma, produtos e escravos oriundos da África chegavam à cidade. O desembarque da família real também foi assim.

JANELA HISTÓRICA – ESCRAVIDÃO I

O Brasil começou a receber escravos a partir de 1533 quando Pedro Gois solicitou ao rei de Portugal 17 "peças" de escravos. Logo depois, em 1539, Duarte Coelho, donatário da Capitania de Pernambuco, repetiu o pedido com isenção de impostos. Em 1559, o rei D. Sebastião autorizou o uso de mão de obra escrava aos senhores de engenho do Brasil, permitindo-lhes resgatar até 120 "peças". Era o início do tráfico em larga escala no Brasil colônia.

Os jesuítas foram os primeiros a estimular o tráfico negreiro. A explicação é que os indígenas morriam como moscas, não apenas pela absoluta impossibilidade de adaptação ao trabalho forçado, como também pelos surtos epidêmicos que sofriam, principalmente, a partir do contato cada vez maior com o europeu. A opção, portanto, eram os africanos, sob a justificativa de que estavam eles mais adaptados à condição que se pretendia.

A partir daí, o tráfico negreiro tornou-se extremamente lucrativo e desumano na mesma proporção, principalmente depois que Portugal, ainda no século XVI, estabeleceu uma vasta rota triangular que uniu a Europa, a África e a América.

O movimento normalmente funcionava da seguinte forma:

- Manufaturas europeias eram levadas para Guiné e cambiadas por escravos em entrepostos costeiros;

- Os mesmos navios partiam em seguida conduzindo em seus porões aldeias inteiras para trabalhar até a morte nas plantações do Brasil;

- Uma vez no novo mundo, esses escravos em geral não eram vendidos, mas trocados por açúcar e revendidos a seguir, com grande lucro na Europa.

No século XVII, os portugueses tiveram a concorrência de holandeses, ingleses e espanhois, sendo que, nesse século, quem mais lucrava com o tráfico, eram os britânicos e os holandeses.

No século XVIII, porém, brasileiros e portugueses radicados no Brasil tornaram-se os maiores e mais eficientes traficantes de escravos da história. Por meio da cachaça e do tabaco, eles criaram um circuito comercial espantosamente eficiente e rendoso porque os escravos foram ficando cada vez mais baratos à medida que aumentava o interesse pelo fumo e pelo aguardente. Os postos de captura e troca de escravos logo se espalharam por quase toda África Negra.

Pintura de Johann Moritz Rugendas

No século XIX, no período de 1815 a 1851, mesmo já ilegal, o tráfico persistiu em grande quantidade e talvez ainda mais desumano. Nesse período, era o Rio de Janeiro e não mais Salvador o grande centro escravista brasileiro. Os escravos desembarcavam no porto, os impostos como qualquer mercadoria eram pagos e, em seguida, eram postos à venda nos mercados do Valongo, hoje Rua Camerino, no centro do Rio de Janeiro.

"Quem é bom, é livre, ainda que seja escravo. Quem é mau
é escravo, ainda que seja livre." *(Santo Agostinho)*

A seguir, duas imagens: uma atual do local onde funcionava o Cais no Largo do Carmo, depois Largo do Paço, e outra, bem mais antiga.

No plano central da foto, o chafariz da pirâmide construído e inaugurado em 1789 no governo do vice-rei Dom Luís de Vasconcelos. Até hoje é um dos principais símbolos históricos do Centro do Rio de Janeiro.

Foto de 1904 da Praça XV. No detalhe, o chafariz da
Pirâmide e, ao fundo, a Baía de Guanabara.

O monumento do Valentim, como é conhecido, tinha também outra importante função: o abastecimento de água não somente às casas existentes na região, mas principalmente aos marinheiros e embarcações que chegavam à cidade. A água para o funcionamento do chafariz vinha do Largo da Carioca mediante um cano. Daí o nome Rua do Cano, atual Rua Sete de Setembro.

QUEM FOI O MESTRE VALENTIM?

Valentim da Fonseca e Silva, mais conhecido como **Mestre Valentim,** nasceu em Minas Gerais e morreu na Cidade do Rio de Janeiro em 1813. Foi um dos principais artistas do Brasil colonial, tendo atuado como escultor, entalhador e urbanista. A obra do artista é extensa, composta de igrejas e capelas do Rio de Janeiro e de Minas Gerais, bem como decorações em praças e espaços públicos. Ele era mulato, filho de um fidalgo português e de uma africana. Em 1770, estabeleceu uma oficina no centro do Rio de Janeiro e entrou para a Irmandade de Nossa Senhora do Rosário dos Homens Pretos. Realizou vários trabalhos em talha dourada para igrejas cariocas até a sua morte. Durante o governo do vice-rei D. Luís de Vasconcelos e Sousa (1779-1790) foi encarregado das obras públicas da cidade, tendo projetado diversos chafarizes e também o Passeio Público do Rio de Janeiro, primeiro parque público das Américas. Faleceu em 1813 e foi sepultado na Igreja de Nossa Senhora do Rosário e São Benedito (Rio de Janeiro).

> Em 1913 foi inaugurado o busto do Mestre Valentim no Passeio Público do Rio de Janeiro, sua obra mais emblemática.

As construções existentes ao lado direito da imagem, abaixo, foram realizadas após os gigantescos aterros feitos em toda orla marítima do Centro do Rio de Janeiro, principalmente a partir do início do século XX.

Antigo Cais do Paço – Chafariz do Mestre Valentim – Praça XV

Túnel Engenheiro Carlos Pamplona – Esse túnel, popularmente denominado Mergulhão da Praça XV, é uma passagem rodoviária subterrânea que passa sob a Av. Alfredo Agache e que foi construído em 1996/1997 já visando à demolição da Perimetral.

HOTEL PHAROUX

Luís Adolfo Pharoux veio para o Brasil para estabelecer-se com hotel de categoria bem na esquina do Largo do Paço e bem na fresca do mar. O local do hotel, dos mais importantes do século XIX, ficava atrás do Museu Naval. O hotel surgiu em 1816 e logo se tornou muito conhecido pelas boas acomodações, pela cozinha excelente, além de serem oferecidos vinhos franceses de qualidade, o que tornou o Pharoux um local de muito bom gosto e diferenciado, em uma terra isolada do mundo por séculos e séculos de administração despótica.

Fonte: 372 x 255 – stormfront.org

Do outro lado do hotel, de frente para a Baía, ficava o cais e a chamada Praia D. Manoel em homenagem ao governador D. Manuel Lobo, morto em 1680 na Colônia do Sacramento.

Adolphe D´Hastrel - Praia D. Manuel Cais Pharoux - Litogravura
Coleção Geyer/ Museu Imperial de Petrópolis

Antes de 1835, navegavam pelas águas da baía, entre o Rio e Niterói e outras localidades, as chamadas **faluas**, isto é, embarcações veleiras que mediam em torno de 14 metros de cumprimento e precisavam de uma tripulação de dois ou três homens. Mais tarde, foram substituídas por barcas a motor fabricadas na Inglaterra e apelidadas pelo povo de "bichos cachimbadores", capazes de transportar até 250 passageiros. O cais Pharoux era utilizado como ponto de partida das linhas regulares que existiam à época, principalmente para Niterói.

Foi no hotel Pharoux, em 1840, que os cariocas viram pela primeira vez, a revolucionária máquina inventada em Paris, em 1839 por Joseph Niepce e Jacques Dagnerre, na qual era perfeitamente possível aprisionar a luz e fixar as pessoas e as coisas exatamente como a natureza as havia criado. Era o início do fantástico mundo da fotografia.

Mais tarde, o belo casarão do hotel, ocupado pela famosa Casa de Saúde Dr. Catapreta, voltaria a abrigar outro hotel, mas não de luxo como outrora. Finalmente, o edifício que representou também o início da história da hotelaria na cidade ficou no esquecimento porque fora demolido em 1959 para a construção da perimetral. Hoje, o elevado também foi demolido, mas este, a nosso ver, bem demolido pelas razões que serão expostas no decorrer dos capítulos, sem poder, no entanto, restituir um pedaço importante do movimento de nossa memória histórica, anterior à construção da perimetral.

Na imagem seguinte, o local marcado por uma seta, onde muito provavelmente ficava o hotel Pharoux, ou seja, atrás do Museu Naval, como mencionado anteriormente, bem no caminho da então nova perimetral.

Google Earth – 2012 – Map. Link / Tele Atlas

V

TRANSPORTE AQUÁTICO, MERCADO MUNICIPAL DA PRAÇA XV E O PALÁCIO DE MONROE

O TRANSPORTE AQUÁTICO PELA BAÍA PRIMEIRAMENTE FOI FEI-to de forma regular pelas faluas, a partir do cais Pharoux, como já mencionado. Depois, em 1835, chegaram os barcos a motor com capacidade de transportar até 250 pessoas por embarcação.

Em 1844, uma dessas embarcações, com muitos devotos do Espírito Santo, que seguia para Niterói, por ocasião das concorridas cavalhadas de São Gonçalo, explodiu matando mais de cinquenta pessoas e deixando mais de cem feridos. Esta foi a primeira catástrofe da era da navegação a vapor em águas brasileiras.

Em 1862, novas embarcações foram utilizadas no transporte da Baía com capacidade de atravessar os 5 km entre Rio e Niterói em aproximadamente 22 minutos, levando cerca de 300 passageiros.

Na época, para o transporte marítimo pelas águas da Baía, foi criada a Companhia de Navegação de Nichteroy. Ainda na década de 1880, a famosa "Cantareira", juntamente com a Viação Fluminense, passaram a controlar o transporte sob a vista do Visconde de Morais, passando a transportar também cargas e veículos. Nessa ocasião, novas pontes flutuantes foram construídas bem ao lado do cais Pharoux.

Um fato curioso a se ressaltar aconteceu em 1895 quando uma embarcação incendiou-se em razão de um curto-circuito perto de Niterói. O fato é que outra embar-cação, que se aproximava para ajudar, foi obrigada a se afastar pelos passageiros porque, à época, luz daquele tipo, o fogo, era ainda tido como "coisa do diabo" e, sendo assim, o comandante teve que mudar de rumo, abandonando todas as vítimas, à própria sorte. Seres humanos ... Aproveitando um exemplo de outra espécie, no grupo dos gansos, quando um deles adoece, dois outros abandonam o grupo para seguir o companheiro doente, a fim de protegê-lo e ajudá-lo. Ficam com ele até que esteja apto a voar de novo ou, então, até a sua morte. Só depois disso é que os irmãos protetores voltam ao procedimento normal com outra formação ou vão atrás de outro bando.

Em 1946, o controle do tráfego passou para a Frota Carioca e, mais tarde, para a Frota Barreto.

A antiga estação das Barcas no Centro de Niterói foi inaugurada em 1908 e incendiada em 1959 na chamada Revolta das Barcas.

Foto de 1958 – Fonte: Álbum de Nick Theroy (Blog de Niterói)

Conforme informações extraídas do Álbum Nick Theroy, o Grupo Carreteiro, que controlava o transporte Rio-Niterói, solicitava constantemente apoio financeiro do governo alegando prejuízo. Segundo cálculos estatais, no entanto, a empresa gastava menos da metade do que arrecadava, fraudando as demonstrações financeiras. Tais suspeitas foram reforçadas pelas aquisições de bens por parte da família, indicando desvio de dinheiro. A população indignada depredou a Estação de Niterói e também a residência de alguns dos proprietários da empresa, forçando o então presidente Juscelino Kubitschek a passar o controle do transporte, provisoriamente, para a União.

Na imagem seguinte, a Estação das Barcas destruída após a Revolta.

Foto de Raymond De Groote, extraída do Álbum Nick Theroy (Blog de Niterói).

Na década de 1970, foi construída a Ponte Presidente Costa e Silva, conheci-da como Ponte Rio-Niterói, acabando com o transporte de veículos e cargas pelas barcas. A Ponte foi inaugurada em 1974, mas, conforme documentado no Álbum Nick Theroy, a mesma, já era pensada desde 1875.

A foto abaixo é um projeto elaborado em 1920 que ligaria a Praça XV ao Gragoatá, menor distância entre os dois lados da Baia.

Fonte: Blog Rio que passou - HTTP: // www.rioquepassou.com.br/?p=2744

Com o passar dos anos, o número de ônibus fazendo o trajeto pela Ponte Rio-Niterói aumentou muito, causando razoável diminuição de passageiros nas barcas.

Uma parte da construção da Ponte.

Foto extraída do Álbum Nick Theroy (Blog de Niterói)

Em 12 de fevereiro de 1998, o poder público passou para a iniciativa privada o controle de transporte hidroviário da Baía de Guanabara, mediante concessão de serviço público, surgindo assim a "Barcas S.A". Os investimentos, pelo menos teoricamente, objetivavam reformas, novas embarcações, novos trajetos, maior conforto aos usuários, etc.

Atualmente (2015), a concessão é da Empresa CCA-BARCAS, ressaltando que os usuários continuam convivendo com a superlotação nas embarcações e com o preço das tarifas nas alturas. Para piorar, ainda não existe concorrência para este transporte, o que compromete a qualidade do serviço prestado.

MERCADO MUNICIPAL DA PRAÇA XV E O PALÁCIO MONROE

A construção do mercado municipal da Praça XV que chegava à Rua do Ouvidor, teve início em 1825 e a conclusão em 1841. O projeto nessa época foi do arquiteto francês Grandjean de Montigny. Em cada um dos quatro ângulos havia um torreão com andar superior envidraçado e, ao centro, o torreão dominante.

Fonte: Belgianclub.com.br

No mesmo local, no dia 14 de dezembro de 1907, o prefeito Pereira Passos inaugurou um mercado muito maior, ocupando uma área de 22.500 metros quadrados. Eram quatro faces de 150 metros, cada uma com um monumental portão de ferro como se vê na imagem seguinte.

Foto da revista Fatos&Fotos de um dos portões do Mercado Municipal com destaque para o trabalho em ferro fundido. Ao fundo, o torreão central. Informação documentada no blog: www.rioquepassou.com.br.

Compartilhando o entendimento do Blog "Rio que passou", in-concebível qualquer das justificativas apresentadas à época para a demolição de tão rica estrutura. Poderíamos tê-la mantido, abrigando um centro gastronômico ou outra atividade, em respeito às gerações passadas e, por consequência, às futuras. Por certo, o Centro do Rio de Janeiro seria ainda mais atrativo. Infelizmente, optamos pela destruição.

Toda a estrutura das edificações era de ferro importado.

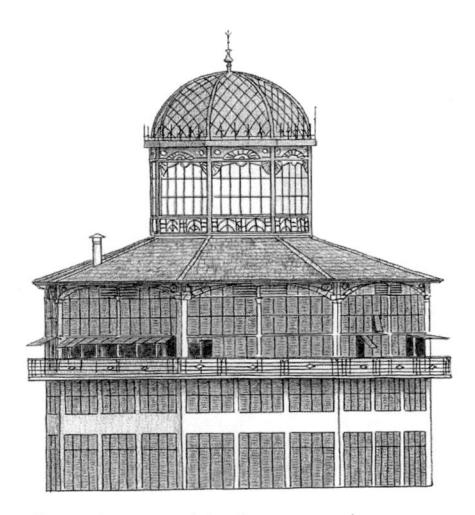

Fonte: mulher.uol.com, registrado no www.rioquepassou.com.br.

O centro comercial funcionou durante quase toda a primeira metade do século XX, e acabou sendo também demolido em 1962 para a construção da perimetral. Uma pena porque não se levou em consideração a memória da história do mercado e dos edifícios que ali foram construídos e que poderiam ser aproveitados de uma forma ou de outra. Uma pena que não se levou em consideração o precioso legado arquitetônico construído durante 16 anos (1825 – 1841) e depois reinaugurado no início do século passado. Uma pena que não foram levados em consideração os mitos e as lendas locais que tanto nos encantam e nos seduzem. Uma pena que os verdadeiros demolidores não enxergaram a importância daquele conjunto arquitetônico para as novas gerações. Não conseguiram ver que prédios preservados eternizam a história e proporcionam respeito às gerações passadas e futuras, além de constituir um polo turístico importante para a cidade. Uma pena!

Por outro lado, percebe-se, nos últimos anos, um movimento do Prefeito Eduardo Paes em direção à preservação de prédios antigos e de novas possibilidades em diversos pontos da cidade do Rio de Janeiro. As construções estão florescendo e a cidade ressurgindo diante do caos. De acordo com a Prefeitura, além da revitalização do Porto, muitos imóveis foram ou estão sendo restaurados. A perimetral, que muito prejudicou o centro histórico, foi demolida e a cidade passa, indiscutivelmente, por uma mudança urbana importante. A promessa é que o transporte público dará um salto de qualidade e a região portuária, há décadas degrada, será completamente revitalizada. Um dos motivos dessa mudança, queremos crer, é o iniciar da consciência da importância da preservação.

Só não podemos fazer o que fizemos na Copa do Mundo de 2014 afirmando o prefeito à VEJA que *"A Copa não serve de exemplo para nada. Foi um fracasso. Só serviu para reforçar velhos estereótipos, como o de um país que sabe fazer uma boa festa, cheio de gente bonita, mas que usa o dinheiro para deixar elefantes brancos na paisagem e entrega de obras pelo triplo do valor acordado. O pior é que ainda perdemos um estereótipo bom, o da pátria das chuteiras. A Olimpíada dá agora a chance de nos firmarmos diante do mundo de maneira diferente."*

Precisamos também de políticas públicas voltadas firmemente para as regiões mais carentes. Hoje são mais de 700 favelas na cidade do Rio de Janeiro. Chamar o Exército tão-somente para pacificar aqui ou ali, sem a implementação de políticas estruturais sérias, significa dizer que estaremos "tapando o sol com a peneira". De qualquer forma, já existem alguns movimentos de políticas públicas, valendo aqui destacar a "Justiça Itinerante", do Poder Judiciário do Rio de Janeiro, que atua em diversos locais, disponibilizando o acesso à justiça a quem quase não tem acesso a coisa nenhuma. Entretanto, precisamos mais, muito mais.

JANELA COMPLEMENTAR SOBRE O MERCADO MUNICIPAL DA PRAÇA XV

Não há dúvida de que as obras feitas a partir do início do século XX foram importantes e até necessárias para a cidade. Entretanto, muita coisa poderia ter sido preservada e hoje o Rio de Janeiro poderia ser um centro histórico muito mais atrativo e com uma indústria turística pulsante. Vale aqui a observação no sentido de que o tradicional e o arcaico são conceitos distintos. Enquanto o primeiro deve ser preservado, protegido e levado adiante, o arcaico precisa ser revisto e superado. Além de existir muita confusão sobre essas duas vertentes, mesmo com os avanços aqui mencionados, o descaso com a preservação do patrimônio histórico e cultural ainda é muito grande. A destruição de bens e patrimônios herdados de gerações passadas causa rompimento na corrente do conhecimento histórico de um povo, prejudicando, pois, as gerações vindouras.

Foto 29/11/1961 – Rio Antigo – Mercado M. da Praça XV
Blog: flickr https://www.flickr.com/photos.com

Como bem disse Higor Campos do Nascimento, técnico administrativo da área de recursos humanos, num concurso de frases, **"Conservar um bem público é mais que um ato moral e social, é questão de respeito!"** E, no caso do mercado municipal do Rio de Janeiro, houve uma mistura de falta de respeito com ignorância mesmo.

Continuamos não acreditando naquela frase muito repetida de que "**Todo povo tem o governo que merece**". A lógica não pode ser essa. Nenhum povo merece o pior dos seus governantes. Se falta mobilização, organização e demais ingredientes para uma mudança estrutural, é mister avançar mais, principalmente no que concerne a uma educação digna e libertadora. Trata-se, contudo, de um processo lento.

De toda demolição do mercado municipal, só restou o torreão, situado na Praça Marechal Âncora, ao lado da Praça XV, onde funciona, desde 1933, o Restaurante Alba Mar, que mereceria ser restaurado em homenagem a este que é um sobrevivente da destruição.

Poderíamos perguntar aos poderes constituídos por que isso não é feito. Será que o prédio não tem a visibilidade necessária na visão dos nossos governantes? Porém, trata-se de uma relíquia arquitetônica e, com tal concepção, deveria ser cuidada e preservada.

Aliás, pertinentes as palavras de Cipriano Carlos Luckesi e Elisete Silva Passos no livro "Introdução à filosofia" quanto à essa questão. Dizem eles: **"A apropriação do conhecimento acumulado, como forma de entendimento da realidade, é elemento fundamental para o avanço do conhecimento novo".**

Necessário também dizer que não adianta fazer uma obra com o dinheiro do povo e não criar as condições reais imprescindíveis para o seu uso efetivo. Se isso não for feito, o poder público fica devendo, quer pelo uso indevido do dinheiro público, quer pela má administração, quer pela falta de comprometimento com os interesses da sociedade. Outras obras, mesmo que sejam muitas, não justificam o descaso do poder público, no que concerne a um serviço, projeto ou obra específica.

Nesse sentido, escreve Mario Sergio Cortella. **"A maior fratura ética que pode acontecer na atuação do Estado é a não consecução de suas finalidades; o mais forte obstáculo ético é a falência ou precariedade no oferecimento dos serviços públicos que são custosamente remunerados pela população** e que, ao não terem correspondência efetiva (na proporção exata e distributiva do que é pago), adentram perigosamente no perímetro do estelionato."

A título de ilustração, vale a pena chamar atenção para o **Palácio Monroe,** também destruído de forma absurda no período da ditadura militar. Conforme imagem seguinte, verifica-se que era um monumento fantástico, único e merecedor inclusive de reconhecimentos e prêmios internacionais. Veremos como e por que foi destruído.

Palácio Monroe

O General Gaisel não era favorável à existência do palácio por achar que prejudicava a visão do monumento aos mortos da Segunda Guerra Mundial. Essa é uma das explicações. A outra, de acordo com informações de Jorge Rubies, publicadas no www.skyscrapercity.com, sob o título de **"A história do Palácio Monroe e sua destruição",** o General Geisel "nutria um ferrenho horror pelo filho do Coronel Arquiteto Francisco Marcelino de Souza Aguiar, projetista do Palácio Monroe. A raiva que Geisel sentia dele foi originada quando o filho de Souza Aguiar foi promovido no exército em detrimento de Geisel. Por puro ódio e vigança, Geisel aproveitou seu poder de Presidente da República e simplesmente autorizou a demolição do palácio, acabando com o premiado projeto do pai de seu inimigo."

De qualquer forma, independentemente das opiniões contrárias e até dos movimentos pró manutenção da relíquia arquitetônica, o General mandou demoli-lo, em março de 1976, sem qualquer critério que justificasse a sua decisão. Na foto seguinte, o Palácio Monroe, visto de cima.

Fonte: www.skyscrapercity.com

Na próxima imagem, um engraxate trabalhando na Cinelândia, com o Palácio Monroe ao fundo.

A seguir, duas fotos extraídas do blog **Alma carioca** referentes à destruição do Palácio Monroe.

Finalmente, a Praça Mahatma Gandhi, onde era o Palácio Monroe.

Em síntese, uma violência urbanística histórica. Depois, batizaram o local da destruição com o nome daquele que sempre lutou pela não violência - Mahatma Gandhi.

JANELA COMPLEMENTAR SOBRE A DESTRUIÇÃO DO PALÁCIO MONROE

O Palácio foi instalado primeiramente nos Estados Unidos, em 1904 para a Exposição Universal de Saint Louis. Após o evento, tudo foi desmontado e novamednte montado, dessa vez, em 1906, na Cinelândia, no Centro histórico do Rio de Janeiro para sediar a Terceira Conferência Pan-Americana. Essa remontagem foi possível porque a estrutura metálica assim permitia. A imprensa norte-americana à época não poupou elogios à estrutura, destacando-a pela sua beleza, harmonia de linhas e qualidade do espaço. Na ocasião, o **Pavilhão do Brasil** foi condecorado com a medalha de ouro no Grande Prêmio Mundial de Arquitetura.

O nome Palácio Monroe, em estilo eclético, foi uma sugestão de Joaquim Nabuco ao Barão do Rio Branco, em homenagem ao presidente norte-americano James Monroe, criador do Pan-Americanismo. Antes, o Palácio era conhecido como Palácio de Saint-Louis.

Entre 1914 e 1922, o Palácio foi sede provisória da Câmara dos Deputados enquanto o "Tiradentes" não ficava pronto. Com a inauguração deste, durante as comemorações do primeiro centenário da independência, o Senado Federal passou a utilizar o "Monroe" como sede.

Após o Estado Novo (1937-1945), o Palácio serviu como sede provisória do Tribunal Superior Eleitoral. Com a mudança do Distrito Federal para Brasília em 1960, passou a exercer a função de escritório de representação do Senado no Rio de Janeiro. A partir de 1964, já no regime militar, foi transformado em sede do Estado-Maior das Forças Armadas (EMFA).

www.pintorest.com – 502x601.

Em 1974, durante as obras de construção do Metrô do Rio de Janeiro, o traçado dos túneis foi desviado para não afetar as fundações do palácio. Nessa época, o Governo Estadual decretou inclusive o seu tombamento. Não adiantou nada. O Palácio foi demolido em março de 1976.

No terreno desocupado, foi construída uma praça com um chafariz. Na edição de 28/01/1976, do Jornal do Brasil, foi noticiada a tentativa de impedir a demolição por meio de uma ação popular. O Brasil vivia os chamados **"anos de chumbo"**.

No Diário de Notícias de 10/01/1976, Louis de Souza Aguiar, filho do construtor do palácio, reafirmou, em protesto, sua decisão de doar ao governo norte-americano a medalha conquistada pelo seu pai no concurso mundial de arquitetura. Na edição de 7/01/1976, do jornal Diário de Notícias, foi publicado que os quatro leões de mármore de carrara que adornavam o palácio haviam sido vendidos para o diretor de uma financeira e que este pretendia instalar os objetos em uma casa de fazenda localizada em Minas Gerais. A firma contratada para a demolição pretendia faturar o máximo com a venda dos objetos de arte e de todo o material aproveitável do palácio, de forma a recuperar os 200 mil cruzeiros investidos. Os Anjos de Bronze que adornavam a cúpula estavam orçados em Cr$ 15 mil cada, fora os vitrôs de valor histórico que não foram orçados. Na edição de 11/01/1976, apurou-se que apenas com a venda de 3 mil toneladas de ferro, era possível arrecadar 9 milhões de cruzeiros.

A tarefa primeira do Estado é cuidar e a nossa, cuidar para que o Estado cuide. Sabemos que esta nossa tarefa ainda é muito difícil enquanto continuarmos a recusar a política no verdadeiro sentido de seu significado. Atualmente, é muito comum a expressão: **"Nao me meto em política"**, como se isso fosse possível. O grande pensador Aristóteles, aluno de Platão e professor de Alexandre, o Grande, que nasceu e viveu na Grécia entre 384 a.C e 322 a.C., portanto, mais de 2300 anos atrás, já dizia àquela época que o homem é um ser que necessita de coisas e dos outros e, por isso, busca a comunidade para alcançar a completude. A partir deste entendimento, ele concluiu que o homem é naturalmente político e quem vive fora da comunidade oganizada é um ser degradado ou um sobre-humano, ou até uma divindade.

Karl Jarpers, por sua vez, no livro "Introdução ao pensamento filosófico", fl. 67, diz que **"os homens estão obrigados a viver juntos. É uma condição para sobreviverem."** A política, pois, é o mais importante dos instrumentos no que diz respeito à nossa coexistência no mundo. Os homens de Estado são tidos em alta conta, em razão do poder de que dispõem e porque atuam sobre o destino de muitos. Nesse sentido, o verdadeiro e importante homem de Estado, por meio do seu próprio agir, educa seus concidadãos. O exemplo deve partir de cima para baixo. Karl Jarpers complementa que o homem de Estado **"não se agarra ao poder a qualquer preço, quando sua consciência**

política e moral lhe proíbe subscrever o que é contrário à dignidade e aos interesses da nação."

Para que isso ocorra, no entanto, não é possível qualquer espécie de político. Este não deve aspirar a ditadura porque a escravidão, no sentido mais amplo, é inconcebível entre nós. Além disso, pelo bem da própria democracia, o melhor político deve pretender o poder temporário, principalmente quando decai a confiança necessária ou simplesmente deixa de existir para boa parte dos governados. Por isso, é importante ressaltar o que afirma Karl Jarpers: **"O mundo da liberdade política estará perdido se não aparecerem, a cada geração e por meio da educação de homens livres, os grandes estadistas".**

A maioria dos políticos, aqui no Brasil, é contrária a tudo isso porque são oportunistas, facciosos, forjadores de mentiras e de intrigas. Inescrupulosos, agem em nome da liberdade, contra a liberdade e em benefício próprio. Envolvidos, escapam pela via de palavras falsas ou espirituosas. Ofendem pela maneira de portar-se. Enfim, vivemos um momento muito difícil politicamente porque os nossos "representantes" que, na verdade, não o são de fato, carecem de vocação política porque encaram suas funções como um simples emprego, vantajoso sob todos os aspectos, com bom salário, direito a aposentadoria, além de inúmeras vantagens inerentes ao cargo que ocupam.

Ainda aproveitando as palvras de Karl Jarpers, fl. 72, do livro já mencionado, a democracia brasileira degenera em oligarquia de partidos e, o que se tem por cultura, diz o autor, **"não passa de bolhas de sabão em salões literários"** prevalecendo, portanto, a luta incessante do poder, custe o que custar.

Os governos dos últimos anos sabiam e sabem muito bem que a alfabetização deve ocorrer no contexto da aprendizagem do desvendamento da realidade para poder entendê-la. Só não fizeram e não fazem porque a educação continua lastimavelmente sendo utilizada como o mais poderoso veículo de manipulação, estagnação e dominação da sociedade brasileira.

Lá no século XIX, Bertolt Brecht já dizia, *"Que continuemos a nos omitir da política é tudo a que os malfeitores da vida pública mais querem"*. Não sejamos idiotas.

Enfim, o fato é que não fomos capazes de impedir a destruição do Palácio Monroe, assim como não estamos sendo capazes na atualidade de impedir a farra com o dinheiro público e a luta nefasta pela permanência no poder, contrariando, dessa forma, a essência da própria democracia.

Digna de observação atenta é a crônica de **LYA LUFT** sob o título **"Não fui eu, professora",** publicada na revista "VEJA" no dia 04 de março de 2015, que aproveito para pedir licença e destacar um trecho da publicação dessa escritora antenada no tempo que vive. Vejamos: *"... Nestes tempos de aflição e vexames que nos diminuem aos olhos de outros países, mal se compreende que tudo isso tenha acontecido sem que a gente soubesse – às vezes fingíamos não notar ou nem queríamos saber. O que fizeram com bens, empresas, fortunas quase incalculáveis, que pertenciam afinal ao povo brasileiro e serviriam para construir centenas de escolas, creches, postos de saúde, hospitais, casas e estradas? O que fizeram, aliás, com a confiança de tantos? Tarde começamos a enxergar, como adultos capazes de questionamentos sérios, e cobranças mais do que justas. Não aceitamos mais as toscas acusações, disfarces, ocultamentos, fatos e atos para desviar a atenção da dura realidade que só os muito ingênuos, ou interessados em manter a situação, se negam a ver..."*

Ora, um poder que, em vez de servir ao seu país, serve a outro e a si mesmo, é um poder que não serve. Elio Gaspari, jornalista da Folha de São Paulo, por sua vez, resumiu numa frase o momento político que vivemos. Disse ele: **"O que há no governo é mais do que má gerência. É uma fé infinita na empulhação, ofendendo a inteligência alheia".**

Um povo que faz valer o seu capital político, não permite e muito menos fica acéfalo ou indiferente às decisões e/ou atitudes de seus representantes políticos. Neste início de século, estamos a presenciar a degradação da política brasileira em nome da corrida insana do poder político e econômico.

Por essas razões, o modelo adotado pelos últimos governos não deu certo e, por isso mesmo, nas eleições de 2014, teria sido salutar à democracia a troca de representantes. Aliás, como mencionado anteriormente, o bom político, no sistema em que vivemos, deve pretender o poder temporariamente porque o contrário foge da essência da própria democracia.

**Um político pensa nas próximas eleições;
um estadista nas próximas gerações.**

Noel Clarasó – Escritor espanhol.

VI

A CATÁSTROFE INDÍGENA

A CHEGADA DO HOMEM EUROPEU À AMÉRICA NO FINAL DO SÉculo XV e início do século XVI, significou verdadeira catástrofe aos povos indígenas. Aqui, vamos fazer apenas algumas considerações sobre os índios que viviam e continuam a viver na terra chamada por eles de Pindorama.

Os primeiros habitantes do que seria o Brasil foram chamados de índios porque Cristóvão Colombo, achando que chegara ao Oriente, chamou-os dessa forma.

Os povos indígenas, segundo Boris Fausto, em "História Concisa do Brasil", fl. 14, podem ser distinguidos em dois grandes grupos dada a semelhança de cultura e língua.

- *Os tupi-guarani e;*
- *Tapuia.*

Dança dos Tapuia. Quadro pintado pelo holandês Eckbout por volta de 1650

Os **Tupi-Guarani** estendiam-se por quase toda a costa brasileira. Eram também conhecidos como **Tupinambá** e dominavam a faixa litorânea do norte ao sudeste, na região onde é hoje o Estado de São Paulo. Já os **Guarani**, localizavam-se na Bacia Paraná–Paraguai até o extremo sul do que viria a ser o Brasil.

As populações **Tapuia** eram assim chamadas pelos **Tupi-Guarani** aos povos que falavam outras línguas.

Família de um chefe Camacã se preparando para uma festa
- Jean Baptiste Debret. Criação: De 1820 a 1830.

Conforme informação de Eduardo Bueno em "Brasil, uma História", os principais povos indígenas ocupantes do litoral brasileiro eram os seguintes:

- **Potiguar:** Viviam no nordeste e eram inimigos dos portugueses;
- **Tremembé:** Viviam também em parte do litoral nordestino;
- **Tabajara:** Viviam entre a foz do rio Paraíba e a ilha de Itamaracá;
- **Caeté:** Deglutidores do Bispo Sardinha. Viviam às margens do Rio São Francisco.

Em 1562, Mem de Sá, governador geral do Brasil, determinou que todos os índios da Tribo Caeté, sem exceção, fossem escravizados.

- **Tupinambá:** Constituíam o povo tupi por excelência. As demais tribos eram descendentes.
- **Aimoré:** Também chamado de botocudos, viviam do sul da Bahia ao norte do Espírito Santo;

- **Tupiniquim:** Foram os que fizeram contato com a expedição de Cabral. Viviam no sul da Bahia e São Paulo.

- **Terminó:** Ocupavam a ilha do Governador na Baía de Guanabara e o sul do Espírito Santo.

Os **Terminó**, inimigos ancestrais dos **Tamoio,** sob a liderança de **Araribóia**, aliaram-se aos portugueses na luta contra os franceses pelo domínio do Rio de Janeiro na segunda metade do século XVI.

- **Goitacá:** Ocupavam a foz do rio Paraíba do Sul. Canibais, eram os nativos mais selvagens e cruéis do Brasil.

- **Tamoio:** Senhores da Baía de Guanabara e inimigos dos **Terminó**.

Sob a liderança de **Cunhambebe** e **Aimberê**, os **Tamoio** aliaram-se aos franceses, contra os **Terminó** e portugueses pela ocupação do Rio de Janeiro.

- **Carijó:** Ocupavam parte de são Paulo e parte do Rio Grande do Sul.

A tribo Carijó foi considerada como "o melhor gentio da Costa". Talvez, por isso mesmo, tenham sido escravizados em massa.

> O antropólogo Ribamar Bessa Freire informa que os Tupinambá ou Tamoio, concentravam-se nas zonas de lagunas e enseadas do litoral. Os Temiminó ou Maracajá e também os Tupiniquim viviam também na Baía de Guanabara. O antropólogo esclarece que, no subúrbio, ao longo da Central do Brasil, existiam dezenas de aldeias.
>
> Quanto às guerras intertribais, estas, faziam poucos mortos porque o poder de destruição do arco e flecha era bem reduzido comparado às armas de fogo. Com a introdução destas pelo homem "civilizado", a ação contra os indígenas foi devastadora, explica o antropólogo. Em menos de 100 anos, praticamente todos os povos indígenas que viviam na cidade do Rio de Janeiro foram exterminados.

Para quem nasce no município do Rio de Janeiro, normalmente o gentílico mais conhecido é "carioca". A origem dessa palavra é tupi, ou seja, **cari** é igual a branco e **oca** é casa. Portanto, casa de branco ou de gente de pele pálida. Por extensão, os nascidos na cidade passaram a ser conhecidos como **cariocas.**

O termo vem de duas palavras tupi: **kara'iwa** (homem branco) e **oka** (casa) que, juntas, significam "casa do homem branco".

No século XVI, os territórios indígenas foram invadidos, suas aldeias des-truídas, suas terras ocupadas, loteadas e distribuídas. Mesmo com toda essa destruição, a influência indígena na formação cultural do povo do Rio de Janeiro é marcante, a começar pelo gentílico mais conhecido e adotado para os que nascem na cidade. Sendo assim, tem razão o antropólogo Ribamar Bessa Freire, da UFRJ, quando intitula a sua crônica publicada no **"Taqui pra ti"**, Manaus, 1º de abril de 2015, como **"O Rio de Janeiro, continua índio".** Bravo!

AO CONTRÁRIO DO QUE SE DIZ, OS ÍNDIOS NÃO ERAM VADIOS OU PREGUIÇOSOS

Necessário se faz esclarecer que os índios tinham uma cultura incompatível com o trabalho intensivo, regular e coercitivo como pretendido pelos portugueses. E a explicação é simples. Eles não entendiam os motivos pelos quais precisavam trabalhar excessivamente numa atividade produtora única. É que os índios estavam acostumados a produzir o suficiente para a subsistência, o que não era difícil em uma época de peixes, frutos e animais em abundância. Muito da energia e imaginação eram empregadas por eles nos rituais, nas celebrações e também nas guerras. Dessa forma, a ideia de trabalho regular e sistemático do colonizador intruso era absolutamente estranha à cultura subsistente deles.

Fonte: sesi.webensino.com.br

Existiam duas formas básicas de submissão dos índios pelos portugueses:

1. A escravidão pura e simples;

Negociantes contando indios – Fonte: www.haikudeck.com

2. Transformar os índios em "bons cristãos" através das ordens religiosas, principalmente a dos jesuítas.

O que seria transformar os índios em bons cristãos?

Em síntese, fazer com que adquirissem hábitos do trabalho europeu, de acordo com as necessidades da Coroa.

Índios sendo catequizados – Fonte: estrategiamissionárianobrasil.blogspot.com

Outro dia desses, vi nas redes sociais uma frase referente a dominação portuguesa por intermédio dos jesuítas que dizia assim: *"Quando vieram, eles tinham a Bíblia e nós a terra. E nos disseram, fechem os olhos e rezem. Quando abrimos, nós tínhamos a Bíblia e eles a terra".*

É claro que as duas formas não podiam dar certo. O colonizador queria alterar culturas ancestrais do dia para noite, sem nenhum respeito às tradições indígenas. É bem verdade que os Jesuítas tentavam "proteger" os índios da escravidão pura e simples, nascendo daí inúmeros atritos com os colonos. Mas, os próprios padres não tinham respeito pela cultura dos povos indígenas. Segundo **Boris Fausto**, em História concisa do Brasil, pg. 23, o Pe. Manoel da Nóbrega, por exemplo, dizia que **"índios são cães em se comerem e matarem, e são porcos nos vícios e na maneira de se tratarem".**

Os índios, explica Boris Fausto, resistiam às formas de submissão do jeito que podiam, mas eram frágeis diante de tantos obstáculos. Por exemplo: eles foram vítimas de doenças como sarampo, varíola, gripe porque não tinham defesa biológica. E, sendo assim, milhares e milhares de mortes ocorriam desde aquela época, provocando até mesmo extinção de determinados grupos. Já naquela altura, o morticínio e a escravização desenfreada de índios era uma triste e cruel realidade imposta pelo dominador. Como isso não deu certo, de acordo com os interesses da Coroa, a partir da década de 1570, Portugal passou a incentivar a importação de africanos para o trabalho escravo no Brasil.

Índios em luta contra os portugueses – Fonte: Blog Caiçara – www.blogcaicara.com

Existia ainda outra prática lastimável e perversa do colonizador, que era aproveitar as lutas existentes entre determinados grupos indígenas numa certa região, para fazer alianças com promessas criminosas e ilusórias fomentando, ainda mais o conflito entre eles, com vistas, agora, ao interesse do explorador europeu. Foi o que aconteceu, por exemplo, no século XVI na Bahia de Guanabara quando os **Terminó**, chefiados por Araribóia, inimigos dos **Tamoio**, aliaram-se aos portugueses na luta contra os franceses pelo domínio do Rio de Janeiro. Os **Tamoio**, por sua vez, aliaram-se aos franceses, também manipulados por estes, resultando milhares de mortes das duas tribos. Sem dúvida, foi uma catástrofe o que os exploradores europeus causaram aos povos indígenas.

Os índios sempre foram tratados como seres inferiores em todos os aspectos e, por isso, foram usados e manipulados com frequência, sem qualquer respeito aos seus hábitos culturais, tendo em vista os interesses sórdidos do homem chamado civilizado. Os portugueses, portanto, escravizaram e mataram índios e depois a mesma coisa fizeram com os africanos pela exploração da extração do que fosse possível do extenso e rico quintal colonial.

Em meados do século XVIII, Portugal se tornara um país atrasado e decadente com relação às grandes potências europeias. Pararam no tempo, não seguiram em frente, vivendo fundamentalmente da exploração humana e extrativista no Novo Mundo.

Do descobrimento até hoje, mais de 1.000 grupos étnicos foram extintos no Brasil. Sobraram aproximadamente 200 tribos e pouco mais de 350 mil índios.

Eduardo Bueno em "Brasil: Uma História", versão compacta atualizada, fl.25, explica que "De todos os dramas vividos pelas tribos brasileiras, o mais rumoroso tem sido o suicídio coletivo dos Guarani-Kayowá, de Mato Grosso do Sul. Agrupados em reservas improdutivas, submetidos a um regime de trabalho semiescravo e despojados de suas tradições, 236 Kayowá se mataram em menos de uma década. Só em 1995, foram 54 os que cometeram o deduí, o suicídio ritual – ou rito de "apagar o Sol", como eles trágica e poeticamente denominam. Com suas reservas ameaçadas também pela usina de Belo Monte, mais membros da tribo ameaçam tirar a própria vida numa sombria cerimônia coletiva."

Fonte: Itaporahoje.com, 11/07/2014 – Corpo da indígena da Reserva de Dourados em Itaporã- MS, que cometeu o suicídio.

Apesar do massacre dos últimos cinco séculos, atualmente, temos informações que determinados povos indígenas estão se recuperando do declínio de suas populações, algumas delas crescendo inclusive consistentemente.

Uma das causas dessa reversão histórica são as vacinas e o acesso a assistência médica quando disponibilizado. Mas isso, por si só, não explica o crescimento de populações indígenas. Pelo menos, dois fatores estão sendo apontados: o primeiro, como informa Mércio Pereira Gomes, autor de "Os índios e o Brasil, pode ser a aquisição biológica de antígenos contra doenças trazidas do Velho Mundo nesse período de 500 anos de convivência; o segundo, seria o fato de que muitas epidemias estão mais ou menos controladas, diminuindo, portanto, o risco de contaminação.

É claro que a exploração dos povos continua assim como o preconceito e também a dificuldade de convivência com a diversidade cultural. Todavia, vale ressaltar que a Constituição de 1988 definiu o índio como parte essencial da nação brasileira com direitos legitimados pela sua historicidade. Além disso, é dever do Estado, de acordo com o legislador, proteger os indígenas contra os usurpadores e esbulhadores de suas riquezas e também de doenças e preconceitos.

O argumento de que o Brasil destina mais de 10% de seu território para uma população reduzida em torno de 500 mil índios, não se justifica, quer porque as reservas são santuários ecológicos e os exploradores nunca quiseram saber disso; quer porque tais reservas na verdade são da União e não dos povos indígenas. Tal argumento só interessa mesmo aqueles que vislumbram a continuação sem fim da dominação e exploração humana e territorial. É preciso ficar atento a essa questão para conter, por exemplo, a expansão do agronegócio nas reservas demarcadas, tendo em vista a ocupação, ainda hoje, criminosa e sem limites. É claro que o agronegócio é fundamental para a economia do país e não estamos dizendo o contrário. Exatamente por este motivo, é imprescindível que existam regras claras, inclusive no que concerne ao meio-ambiente, para não prejudicar este segmento e também, para não comprometer ainda mais os povos indígenas que vem sendo esbulhados, expulsos de suas terras e, por isso mesmo, exterminados desde a chegada do dominador europeu no início do século XVI.

OS VERDADEIROS SENHORES DA BAÍA DE GUANABARA

Os franceses eram traficantes de pau-brasil por todo o litoral brasileiro e ameaçavam o reino de Dom João III. Chegaram ao Rio de Janeiro em 1555 com a intenção de colonizar a região. Para tal, atraíram os tamoio em uma aliança, prometendo-lhes que não seriam escravizados, que teriam seus direitos e liberdades garantidos, e que ainda teriam de volta a posse de suas terras.

Índios tamoios e franceses unidos para expulsar os portugueses do Rio de Janeiro – Fonte: Blog Maranduha – A paz de Iperoig – www.maranduha.com.br

Instigados pelos franceses, e gravemente ofendidos pela cobiça do reino português, os **Tamoio** (Tupinambá) se aliaram às ordens de Cunhambebe e de Aimberê para varrer da costa os indesejáveis portugueses.

É bem verdade que os invasores receberam reforços da França, mas, sem a aliança com os **Tamoio**, tal feito não seria possível ou, ao menos, muito mais difícil. Os franceses, chefiados por Nicolas Durrand de Villegaignon, instalaram-se numa ilhota chamada **Serigipe** pelos índios, localizada bem em frente ao Aeroporto Santos Dumont, que atualmente abriga a Escola Naval.

Nos primeiros cinco anos de dominação, de 1555 a 1560, os invasores cuidaram de fundar e fortalecer o Forte Coligny, na ilha de Serigipe, para dar seguimento às bases do império ultramarino no Rio de Janeiro, a França Antártica. As atitudes despóticas do comandante Durrand de Villegaignon, entretanto, não foram bem vistas e aceitas por seus comandados, resultando uma sucessão de deserções, conspirações, torturas e prisões.

Em 1558, Durrand decidiu voltar à Europa, ficando em seu lugar Bois-le--Comte. Isso fez com que as tropas desanimassem do antigo projeto francês. Em 21 de fevereiro de 1560, o Governador Geral Mem de Sá chegou ao Rio para expulsá-los e, três semanas depois, exigiu a rendição de todos. Bois-le--Comte, no entanto, recusou-se a ceder e, em 18 de março de 1560, os portugueses com o apoio valioso dos **Terminó,** chefiados por Araribóia, deram início a ofensiva final contra apenas setenta e quatro franceses e aproximadamente mil guerreiros Tamoio que defendiam o Forte Coligny.

A rendição dos franceses ocorreu logo em 20 de março daquele mesmo ano, após um marujo português nadar até a ilha onde ficava o forte francês e explodir o paiol de munições, provocando o encerramento rápido do combate, em um momento em que o próprio Mem de Sá já pensava em se retirar, desistindo da luta.

O Forte Coligny foi arrasado, entretanto, Mem de Sá não estabeleceu nenhuma base portuguesa na Baia de Guanabara por total falta de condições à época. Os franceses se aproveitaram, mais uma vez, da ausência portuguesa na região e continuaram no Rio de Janeiro por mais sete anos sob a proteção dos tamoio.

Em 09 de fevereiro de 1565, Estácio de Sá, sobrinho de Mem de Sá, retornou ao Rio de Janeiro comandando nove navios e 220 homens. Ele e seus comandados se estabeleceram no dia 1º de março de 1565 no sopé do Morro Pão de Açúcar, dando início à fundação da cidade do Rio de Janeiro.

Expulsão dos franceses e fundação da cidade do Rio de Janeiro – Fonte: Wikipedia

Nesta região, os portugueses continuaram enfrentando os franceses e os **Tamoio** esporadicamente, enquanto aguardavam os reforços necessários para a batalha final.

Em julho de 1566, ocorreu o famoso "combate das canoas". Os **Tamoio**, com aproximadamente 180 canoas e mais de 1000 índios, atraíram os portugueses para uma emboscada e, quando a vitória parecia certa, um tiro atingiu um depósito de munição numa das embarcações, provocando grande incêndio e enorme terror por parte dos índios **Tamoio** que fugiram como loucos. Alguns portugueses disseram que viram, em meio à fumaça, São Sebastião combatendo ao lado deles.

Em 18 de janeiro de 1567, finalmente Mem de Sá retornou ao Rio de Janeiro com mais de 200 homens em 6 caravelas e 3 galeões. Dois dias depois, em 20 de janeiro, coincidentemente Dia de São Sebastião, os portugueses atacaram os **franceses-tamoio**, com a ajuda dos **Terminó** chefiados por Araribóia, nas antigas posições inimigas localizadas em **Uruçumirim**, atual Morro da Glória. Nessa batalha, morreram cinco franceses e seiscentos índios **Tamoio**. Estácio de Sá foi ferido por uma flecha envenenada morrendo um mês depois, após longa agonia.

Morte de Estácio de Sá em 20/02/1567 – Quadro de Antonio
Parreira – Fonte: Catolicismo.com.br

No dia seguinte, dez franceses foram enforcados e centenas de índios **Tamoio** escravizados. Foi a vitória definitiva dos portugueses sobre os franceses no Rio de Janeiro.

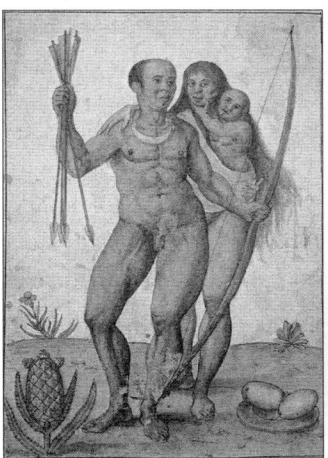 

Fonte: terevictorino-ca.blogspot.com Arariboia, 1965 – Dante
Croce (Niterói 1937) Peregrinacultural's Weblog

Na imagem da esquerda, uma família **Tamoio**. À direita, o cacique dos **Terminó** durante boa parte do século XVI, Araribóia, que em tupi significa "cobra feroz". Os índios **Terminó** foram os primeiros habitantes da Ilha de Paranapuã, hoje Ilha do Governador. Eram aproximadamente 8.000 índios que conheciam muito bem a Baía, o que fez enorme diferença na guerra contra os **Tamoio** que contavam com 70.000 índios, que habitavam desde o Rio de Janeiro até a atual cidade de Bertioga no Estado de São Paulo.

Os serviços prestados por Araribóia foram tão preciosos para Portugal que, em recompensa, o rei lhe concedeu o título de comendador da Ordem de Cristo e lhe ofereceu uma extensa porção de terra que incluia a Praia Grande, na Baía de Guanabara, passando a viver com toda sua tribo na encosta do morro São Lourenço a partir de novembro de 1573. Convertido ao catolicismo, escolheu como nome de batismo, Martim Afonso, em homenagem a Martim Afonso de Sousa. Ainda como recompensa pelos seus feitos, o chefe dos **Terminó** recebeu também da Coroa Portuguesa a sesmaria de Niterói (em língua tupi, "água escondida").

A história oficial brasileira nunca celebrou um único herói indígena. O Terminó Araribóia, que lutou bravamente ao lado de sua gente pela expulsão dos franceses do Rio de Janeiro, e o Potiguar Felipe Camarão que ajudou de forma significativa a derrotar os holandeses em Pernambuco em 1649, são considerados inexpressivos nos livros de história. Por isso mesmo, no atual Aterro do Flamengo, local de muitas batalhas entre **Tamoio** e **Terminó**, que deram suas vidas por uma guerra que não era a deles, seria o lugar perfeito para um monumento em homenagem aos guerreiros e verdadeiros senhores exterminados da Baía de Guanabara. É uma sugestão às autoridades municipais neste ano em que se comemora 450 anos da fundação da Cidade do Rio de Janeiro.

JANELA COMPLEMENTAR – ENTREVISTA PUBLICADA NO NÚCLEO DE DEFESA DOS DIREITOS DOS POVOS E COMUNIDADES TRADICIONAIS

Não há rebelião indígena, e sim diferentes problemas criados pelos brancos. É a maior ofensiva contra a política indigenista da história, diz o antropólogo João Pacheco de Oliveira, Professor do Museu Nacional da UFRJ

08 de junho de 2013 | 16h 26 - Wilson Tosta, Rio de Janeiro

RIO – Pesquisador há quatro décadas das culturas indígenas brasileiras, o antropólogo João Pacheco de Oliveira, professor do Museu Nacional da

UFRJ, afirma que a impressão de uma rebelião indígena no País não é real: "Os vários problemas do setor não têm conexão entre si". O que é unificado, avalia, é a maior ofensiva contra a política indigenista da história brasileira, com propostas de revisão de demarcações e da legislação que regula a área, com ações no Congresso, na mídia e junto a setores do governo. Enfrentamento com fazendeiros no Mato Grosso do Sul, hidrelétricas em áreas indígenas e confrontos com sojicultores no Norte, conflitos com grileiros no Nordeste e rixas com pequenos produtores no Sul formam o quadro descrito pelo acadêmico, no qual se destaca o forte crescimento do agronegócio, que exige sempre novas terras para cultivar, em modelo de "expansão sem fim".

Pacheco avalia que o governo Dilma Rousseff até agora não definiu como vai agir em relação à questão, mas ao mesmo tempo não sinalizou que apoiará propostas como a de transferir para o Congresso Nacional o poder de demarcar terras indígenas, defendida pela bancada ruralista. Ele acha que o governo está dialogando com os setores envolvidos e não parece que queira retroceder na política de demarcações, que garantiu a sobrevivência dos ianomâmis em Roraima, por exemplo.

A legislação indigenista brasileira, diz, é avançada e elogiada no exterior, e revogá-la colocaria o Brasil na incômoda companhia dos países que reprimem minorias como os curdos, o que daria ao País o "Nobel de genocídio". Ele também rebate argumentos do senso comum contra os índios, como o de que são menos de 1 milhão de pessoas e têm reservas que somam 13% do território nacional. **"As áreas indígenas não são apenas destinadas aos indígenas, em grande parte são reservas ambientais"**, diz. **"E não são terras dos indígenas, são terras da União."**

A que atribuir a crise na área indígena nessa magnitude, agora?

Talvez precisasse saber exatamente de que crise você fala. Os vários fenômenos ocorridos são coisas diferentes, a unidade entre eles não é real. Os mundurucus estão preocupados com a instalação da barragem lá na região do Tapajós. Há uma outra dinâmica que é a dos índios do Sul do Brasil. Existem problemas na área do Mato Grosso do Sul... Enfim, são questões bastante diferentes. Elas estão sendo homogeneizadas porque, no momento, há uma força muito grande contra a legislação indigenistas brasileira, contra as normas relativas à demarcação de terra, que pretende agrupar essas questões como uma razão única.

Seria ofensiva contra a política indigenista?

Uma ofensiva violenta. Nunca aconteceu algo de tal proporção e com tal capacidade de mobilização política junto a setores do governo, junto à opinião pública. É um fato realmente inédito na história do País. Do ponto de vista da assistência aos índios, tudo está acontecendo segundo as normas habituais e segundo o ritmo normal das tensões locais e da resolução dessas tensões. Mas há a impressão de uma rebelião indígena em curso. Isso não tem nenhum fundamento. Agora, do outro lado, tenta-se uma reviravolta nas normas legais, com muita força e absoluto equívoco. A legislação brasileira é bastante avançada quanto ao reconhecimento dos direitos das minorias, em certos lugares uma legislação exemplar em termos internacionais. Essas acusações colocadas por setores econômicos, setores políticos, são totalmente inverídicas.

Argumenta-se que o Brasil destina 13% de seu território a menos de 1 milhão de índios.

As áreas indígenas não são apenas destinadas aos indígenas. Em grande parte são reservas ambientais, santuários ecológicos desrespeitados: Xingu, a área ianomâmi, algumas regiões da fronteira do Javari, Rio Negro. E não são terras dos indígenas, são terras da União. As terras indígenas não são esses 13% que se coloca. Aliás, o próprio argumento é bastante questionável, porque a concentração fundiária no Brasil deve levar 0,2% da população a ter 80% das terras agricultáveis. Então, essa justificativa seria pela reforma agrária imediata.

Pode-se dizer que no Norte o principal impacto sobre as áreas indígenas é de grandes obras como hidrelétricas, e no Sul ele vem do agronegócio?

Na Amazônia também existe um impacto grande da produção rural. A soja hoje está em Roraima. Além disso, há uma série de outras investidas, entre elas de madeireiras estrangeiras e de companhias de mineração também internacionais, como as africanas. Mas, se for pensar no Centro-Oeste, não há dúvida de que a pressão maior é dos investimentos da soja. Estão destruindo extensas regiões do País, de forma até irrecuperável. As poucas áreas preservadas são frequentemente habitadas por indígenas, que só estão preservadas porque são terras indígenas ou porque existe terra indígena no entorno. As outras foram consumidas por esse processo de desenvolvimento predatório, muito linear e muito rápido, que destrói as condições da região. Já no Sul do Brasil as condições são bem diferentes. Os conflitos com indígenas envolvem pequenos proprietários rurais, que têm articulação com o mercado, uma produção com financiamentos, uma agroindústria, de certa forma. No Nordeste a situação é variada, mas frequentemente os índios brigam contra grilagens, grandes propriedades, latifúndios muitas vezes desocupados.

O forte crescimento do agronegócio estaria por trás da tentativa de mudar a lei?

Acho que sim. O agronegócio opera por expansão, vai crescendo, incorporando novas terras, nem tanto modificando a tecnologia, mas ocupando com o mesmo tipo de procedimento. É uma expansão sem fim. Isso, de alguma forma, tornou mais fácil promover a invasão das áreas indígenas. Muitas vezes as terras são demarcadas nominalmente como indígenas, mas exploradas por outros. E uma política de proteção em relação a essas populações não deve somente se preocupar com a terra, mas também com as condições de sobrevivência delas: a geração de riqueza, a qualificação deles como cidadãos, o pertencimento à sociedade nacional.

Como tem sido a postura do governo Dilma nesse sentido?

O governo Dilma ainda não definiu muito bem como vai agir em relação a isso. Em algumas áreas ocorreu paralisação. Mas, ao mesmo tempo, houve um empenho no Mato Grosso do Sul em resolver a situação dos terenas e dos guaranis. Acho que essas sinalizações são muito importantes para arrefecer ânimos e fazer as pessoas pensarem um pouco sobre o que está sendo praticado.

Mas a postura do governo não é dúbia? Ele às vezes fica nas mãos da bancada ruralista no Congresso.

Talvez em outro setor, como a análise política, isso possa ser observado. Há pressões sendo feitas para reformular a política indigenista, para que se perca um avanço na legislação, nas práticas administrativas. Mas acho que o governo ainda não retrocedeu. Está dialogando com essas forças, tentando aplicar a legislação.

E não há disposição de mudar a legislação por parte do governo?

Espero sinceramente que não. Seria colocar o governo, vamos dizer, muito mais à direita dos governos militares. Seria na verdade desproteger as populações nativas, algo a que hoje ninguém se atreveria – com exceção de alguns países do Oriente Médio que reprimem minorias como os curdos... Mas acho que o Nobel de genocídio seria uma coisa terrível.

Quais foram os resultados da política de demarcações?

Nesse sentido, a situação no Brasil nos últimos 30 anos caminhou bem. Muitas terras foram regularizadas, povos que estavam sob violento assédio, cerco, ameaça, conseguiram se estruturar mais. Até o dado demográfico recolhido pelo IBGE mostra uma expansão dos indígenas. Mas a demarcação não se realiza por si só. Também exige em outro momento uma política de uso dos recursos de maneira adequada, assessorada pelo Estado de forma lúcida, para que esses recursos não sejam devastados. Isso é o chamado desenvolvimento sustentável.

A existência dessas reservas salvou alguma etnia?

O caso mais evidente, de grande proporção, é o dos ianomâmis. Nos anos 1990, eles chegaram a ter sua área invadida pesadamente por garimpeiros, que a estavam destruindo da forma mais rudimentar possível. O reconhecimento da criação da terra indígena ianomâmi evitou essa situação de extermínio, de prostituição, de violência, e assegurou certa possibilidade de eles se adaptarem, de serem desenvolvidos programas de assistência dentro da reserva. Menciono o caso ianomâmi, mas é o modelo geral. Foi assim no Parque do Xingu.

Mato Grosso do Sul é onde se concentra a maior pressão?

O problema é disseminado. Anos atrás, em Roraima, havia muita beligerância, perseguição, marginalização dos indígenas por forças políticas do Estado. Depois do reconhecimento da Raposa Serra do Sol, da demarcação da área pelo governo brasileiro e da ratificação pelo Supremo Tribunal Federal, foram retiradas algumas pessoas que estavam na região e o problema acabou. Imagino que a mesma coisa vá se passar no Mato Grosso do Sul, onde o grau de belicosidade contra os indígenas é de fato mais forte. Os guaranis são uma população bastante numerosa, os terenas idem. E ao mesmo tempo tem o agronegócio querendo novas terras. Na medida em que o governo brasileiro reconhece direitos, a tendência é que num primeiro momento ocorram conflitos, muita reação por parte dos que podem vir a perder lucros não permitidos pela lei, pela Constituição. Mas essas coisas se ajustam.

O FUTURO DOS POVOS INDÍGENAS

Não se pode achar que o aumento de populações indígenas nas últimas décadas, seja um indicativo constante e definitivo. Não é bem assim. Há muito que se fazer. Existem muitos casos na história em que tal fato aconteceu e, no entanto, voltou-se ao *status quo* ou, até pior, como, por exemplo, na Guerra da Cabanagem, na Província do Pará, ocorrida na segunda metade da década de 1830, em que cerca de 30.000 pessoas entre mestiços, índios e negros foram mortos.

Além disso, o crescimento populacional pode ser muito prejudicial à integridade cultural de um povo, isto porque surgem novas necessidades e demandas e, no pacote, novos interesses econômicos, financeiros e de consumo que podem afetar, ou não, a autonomia conquistada por um povo.

Este processo poderá também ocorrer com povos indígenas que duplicaram ou até triplicaram suas populações nos últimos anos, e que poderão ser influenciados pelas marcantes características dos povos das cidades, quais sejam: o consumismo e a ansiedade por riquezas, prejudicando e alterando suas integridades culturais. Nesse caso, como adverte Mércio Pereira Gomes, em "Os índios e o Brasil", sobreviver para depois ver os filhos sem perspectivas sociais e culturais pode aumentar ainda mais o altíssimo índice de suicídios de índios no Brasil, por exemplo.

A verdade é que não podemos afirmar que o Brasil será ou conviverá com tamanha e rica diversidade cultural e histórica. Não se deve subestimar o primado da influência econômica sobre os povos, inclusive, indígenas.

Por outro lado, é perfeitamente possível a ascensão dos índios brasileiros tanto política como culturalmente. Para tal, a intolerância, a ganância e o imediatismo de nossas elites políticas e econômicas deverão dar lugar ao pensar na importância cultural e econômica da riqueza de nossa diversidade, do futuro com responsabilidade, e da necessidade da preservação do meio ambiente, por uma questão de sobrevivência e inteligência. Nesse contexto, os índios serão fundamentais e, por isso, deverão estar incluídos não mais de forma paternalista e preconceituosa, mas como símbolos da resistência e do equilíbrio cultural e ecológico, imprescindíveis a um país que almeja ser grande.

VII

PRAÇA XV E ARREDORES

A Praça XV de Novembro tem história que vai (ao) longe. Por ali passou todo tipo de gente: Reis e Rainhas, Príncipes e Princesas, Nobres, Deputados, Senadores, Presidentes, pessoas de todo tipo que, de uma forma ou de outra, ajudaram a construir este importante Centro Histórico do Brasil. Mas também passou gente que não respeitou as antigas e as futuras gerações, ao destruir, sem qualquer critério relevante, relíquias arquitetônicas, culturais e históricas.

A Praça XV estendia-se até a Rua da Misericórdia, onde se erguera a Igreja São José, cuja capela-mor ainda batia às águas do mar.

No lugar onde posteriormente, no século XVIII, foram edificadas as casas dos Teles e o Arco existia a velha tenda do ferreiro que dera nome ao lugar à época, qual seja, Terreiro do Ferreiro da Polé, nome este derivado também do pelourinho que lá existia chamado pelo povo de "Polé". Nos primórdios da cidade, já estavam a capela de Nossa Senhora do Ó e também os dormitórios dos Carmelitas. O local, de fato, era um terreno muito pobre à beira-mar no qual destacavam-se as belas faluas, embarcações de aproximadamente14 metros que partiam da Praia Dom Manoel.

Vale ressaltar um fato histórico muito pouco conhecido entre nós, mas não menos significante e que deveria melhor ser estudado, por tratar-se do primeiro ou um dos primeiros movimentos autonomistas vivenciados pelos cariocas. O fato remonta a 1660, ano em que no "Terreiro da Polé" foi exposta em público a cabeça de Gerônimo Barbalho, herói e mártir do movimento que lutava contra a dominação e exploração portuguesa em nossas terras.

Nessa época, século XVII, o Rio já não aceitava as exigências lusas que impediam qualquer ação que pudesse desenvolver a Colônia. Para citar apenas como um único exemplo, os portugueses proibiram a fabricação de aguardente porque poderia prejudicar as vendas dos vinhos portugueses. O descontentamento era generalizado em relação ao Governador Salvador Correia de Sá e Benevides e outros, trazidos por Mem e Estácio de Sá que aqui tinham se fixado como donos e senhores das terras, ampliando seus negócios e latifúndios.

Em consequência, eclodiu a revolta, porém, em síntese, os revoltosos foram derrotados, presos e mandados à Lisboa, sendo posteriormente anistiados pelo Rei, com exceção do líder Jerônimo que, segundo a Câmara de Governo, teria morrido na prisão e não enforcado no Terreiro da Polé. Portanto, a prática de enforcamento visando espalhar o terror a quem descumprisse as ordens portuguesas já acontecia desde o século XVII pelo menos.

Com a chegada de Gomes Freire, no século XVIII, que mandou construir no Terreiro da Polé a sede do governo e residência dos governadores, tudo foi mudando até tornar-se o local no século seguinte, em Paço Real e depois Imperial.

Em 1750, foi construído o primeiro chafariz na região que era utilizado por escravos, aguadeiros e marinheiros. Naquela época a cidade ainda não tinha um cais, motivo pelo qual os navios permaneciam ancorados distante da praia. A aproximação ou a chegada à terra firme se dava através de pequenas embarcações.

Em 1779, o Vice-Rei Luís Vasconcelos mandou construir um cais todo de pedra com três escadas e uma rampa para o mar para a chegada de embarcações maiores. No local foi instalado o chafariz do Mestre Valentim, doado por Gomes Freire.

Em 1786, já existia um projeto do engenheiro Inglês Hamilton Bucknall de um túnel ligando o Centro do Rio, hoje Praça XV, a Niterói para pedestres, bondes e car-ruagens. O projeto foi aprovado e o engenheiro obteve uma concessão de 50 anos, mas não houve dinheiro suficiente para a construção e o plano acabou ficando no papel.

Mais tarde, no dia 08/03/1808, a família real desembarcou do navio Príncipe Real e passou para uma galeota para chegar ao cais e subir as escadas. A aquarela de Richard Bates de 1808 ilustra melhor o que se diz com destaque para as escadas próximas ao chafariz e a mureta.

Com o passar do tempo o cais, assim como o chafariz, foi se deterioran-do, mas aos poucos o local foi se transformando num centro comercial onde se vendia de tudo. A tela de Debret de 1825 mostra o comércio que ali acon-tecia. Ao fundo, os navios ancorados.

Com o assoreamento resultante dos detritos da cidade, aos poucos os na-vios tiveram que se afastar ainda mais do cais e do chafariz do Mestre Valen-tim, porém este se manteve como fonte de abastecimento de água aos mora-dores e marinheiros pelo menos até os anos 80 do século XIX.

Somente em 1857, segundo informação do Blog "As histórias dos monumentos do Rio", é que se construiu o segundo cais na região, o chamado Cais Pharoux.

Na foto de 1861, de Revert Henrique Klumb, aparece uma bacia no entorno do Chafariz com lavadeiras utilizando-o como tanque.

A remodelação da cidade promovida por Pereira Passos no início do século XX também chegou à Praça XV com o plantio de árvores, calçamento e o chafariz no meio do largo em razão das transformações ocorridas com os frequentes aterramentos realizados.

Hoje, a Praça XV é passagem de milhares de pessoas que vão e voltam, quase todas alheias aos importantes atos e fatos que afetaram não só a cidade do Rio de Janeiro, mas o Brasil. Trata-se de um lugar instigante, privilegiado pela própria natureza, místico, glamoroso e em movimento permanente desde a longínqua Praia da Piaçava, lá no século XVI, até os dias atuais. São, portanto, séculos de histórias da nossa gente.

Na próxima imagem, o muro imaginário que agora, de fato, só mesmo na imaginação, porque não existe mais. Os Deuses da sabedoria se manifestaram e disseram sim à beleza e ao respeito aos atuais e futuros mortais da cidade do Rio de Janeiro e de todas as outras cidades. Refiro-me ao elevado da perimetral que cruzava a Praça XV. Do lado direito ainda persiste o prédio anexo da ALERJ, também muito danoso à imagem do centro histórico da cidade.

A perimetral foi construída na década de 1950 no governo de Negrão de Lima, ligando a Av. Presidente Vargas ao Parque Brigadeiro Eduardo Gomes. Como já mencionado, a obra era como se fosse um enorme muro, separando a orla e a linda vista da Baía da Guanabara do centro histórico. É claro que fomos a favor da demolição completa dessa horrenda edificação em prol da valorização e do resgate do patrimônio histórico da cidade, sem abrir mão, evidentemente, dos demais empreen-dimentos estruturais à região. Aliás, é isso que o governo municipal vem anunciando.

JANELA COMPLEMENTAR

No dia 24 de novembro de 2013 ocorreu a implosão do primeiro trecho de 1.050 metros do Elevado da Perimetral entre as ruas Silvino Montenegro e Professor Pereira Reis. Este feito, conforme anunciado no jornal "O Globo" no dia 26 de novembro de 2013, representou o passo inicial de um projeto de reestruturação total da Zona Portuária do Rio. De acordo com o jornal, a retirada do viaduto virá acompanhada da construção de um passeio à beira-mar de 61 mil m2, de uma nova via expressa de cinco quilômetros além de quiosques e ciclovias. Talvez a transformação mais significativa em mobilidade urbana seja a implementação do veículo leve sobre trilhos (VLT), com capacidade para transportar até nove mil passageiros por hora, conectando a Região Portuária ao centro financeiro da cidade e ao Aeroporto Santos Dumont. O projeto prevê seis linhas com 42 paradas sendo 4 delas, na Rodoviária, Central do Brasil, Barcas e aeroporto. O investimento, diz o jornal, é de R$1,164 bilhão, sendo R$532 milhões do Ministério das Cidades e R$632 milhões de contrapartida da Prefeitura. A previsão é que todo o sistema VLT esteja funcionando no primeiro semestre de 2016. Afinal, a construção de vias voltadas exclusivamente para os carros é uma visão equivocada: é o pedestre que deve ser o foco do planejamento urbano assim como as ciclovias, o bem estar social, a saúde e a segurança pública. Assim, seria importante que os governantes municipais e estaduais estudassem os bairros, juntamente com as associações, para definir as reais necessidades de seus moradores. Além disso, pensando no amanhã, bem que poderíamos, como em outros países, desenvolver um programa sério e gradual de transformação de favelas em bairros seguros, com saneamento básico, arborizados, com praças, vias pavimentadas, escolas e serviços básicos, sob a batuta de um pacto entre o poder público e a comunidade em prol do bem estar social. Concomitantemente, deveria ser feito um controle de moradores a fim de que as favelas não continuassem a crescer como cresceram e sem qualquer ingerência do poder público. Hoje são mais de 700 favelas que foram surgindo ao "Deus dará", transformando o Rio de Janeiro em um vergonhoso "apartheid". A questão da droga é uma consequência e não a causa dessa calamitosa exclusão social.

A seguir, a imagem da demolição do primeiro trecho do elevado da perimetral divulgada no dia 24/11/2013 pelo **TERRA (noticia.terra.com.br.)**. A foto é de Beth Santos / Divulgação.

Derrubada do primeiro trecho da perimetral

Nas fotos seguintes, o trecho da perimetral, na Praça XV, antes e durante a demolição nos meses de maio a julho de 2014.

Trecho da perimetral antes do início da demolição.

Toda essa área ao lado esquerdo do elevado, era a **Praia da Piaçava**, isto é, o primeiro nome dado lá no século XVI ao que é hoje a Praça XV de Novembro.

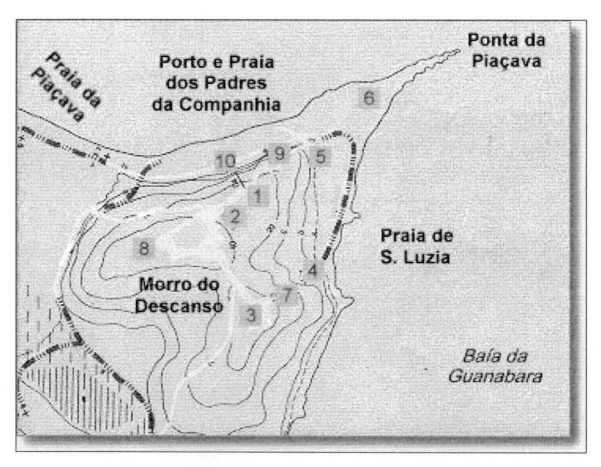

Fonte: www.museuhistórico nacional.com.br

A título de ilustração, naquela época, os franceses foram expulsos da Baía de Guanabara, em 1567, por Estácio e Mem de Sá. Após a vitória, o governador Mem de Sá resolveu transferir a cidade fundada pelo sobrinho Estácio de Sá, entre os morros Cara de Cão e Pão de Açúcar, para o Morro do Castelo, por considerar o local de origem muito vulnerável às invasões estrangeiras. Naquela época, o Morro do Castelo era conhecido como Morro do Descanso, conforme podemos verificar na imagem anterior.

Conforme informações constantes no site do Museu Histórico Nacional, "prédio & entorno – século XVI", as demais localizações marcadas no mapa são as seguintes:

"No Castelo os jesuítas chefiados pelo Padre Manuel da Nóbrega logo fundaram um Colégio (1) e edificaram uma Igreja (2), chamada posteriormente de Santo Inácio; sobre o morro foi também construída uma outra Igreja dedicada a São Sebastião (3), destinada a abrigar a Sé da Cidade e concluída em 1583. Ainda no século XVI, foram erguidas mais duas ermidas, localizadas ao pé do morro do Castelo: Santa Luzia (4) e Misericórdia (5). Esta última estava ligada ao hospital da Santa Casa da Misericórdia, instituição cuja fundação se deve ao Padre José de Anchieta."

"Na ponta da Piaçava, que avançava para o mar dividindo as praias de Santa Luzia e da Piaçava e onde tinha se localizado uma fortificação francesa, Mem de Sá iniciou a construção da Bateria de Santiago (6), que se somou à duas fortificações erguidas no morro do Castelo - o Baluarte da Sé (7) e a Fortaleza de São Sebastião (8) - para constituir o conjunto defensivo da cidade nascente. A praia da Piaçava, abrigada dos ventos e das correntes, tornou-se o porto de embarque e desembarque e dela saía uma ladeira que levava ao alto do morro. Por ser muito íngreme, logo foi abandonada e substituída pela Ladeira da Misericórdia (9). Ao lado da antiga - a Calçada da Sé - os jesuítas construíram uma espécie de guindaste (10), para transportar o material destinado às obras da igreja e colégio que erguiam. Por conta disto, esta parte do litoral passou a ser conhecida como dos Padres da Companhia."

Voltando aos nossos dias, nas fotos seguintes, trecho da perimetral na Praça XV, durante a demolição nos meses de maio a julho de 2014.

Na imagem abaixo, a Praça XV já sem a perimetral. À direita o prédio da ALERJ que insiste em permanecer na região.

Prédio remanescente do antigo Mercado Municipal

Reconstrução do Túnel Engenheiro Carlos Pamplona

Na Praça XV existe uma informação curiosa relacionada à estátua equestre do rei Dom João VI, inaugurada em 10 de junho de 1965. O monumento foi um presente do povo de Portugal à cidade, por ocasião dos festejos do quarto centenário de sua fundação. De autoria de Salvador Barata Feyo, escultor português natural de Angola, a obra foi colocada no local onde o rei teria desembarcado em 1808 e seguido numa embarcação menor até o Cais onde foi construído o Chafariz do Valentim, conforme visto anteriormente.

É interessante observar que uma cópia desta estátua encontra-se na rotunda do Forte de São Francisco Xavier do Queijo, na Praça Gonçalves Zarco, na cidade do Porto, em Portugal. De acordo com instruções do escultor das obras, ambas deveriam estar voltadas uma para outra, por uma linha imaginária, simbolizando a ligação de D. João VI com os dois países, Portugal e Brasil. Essa ligação foi ainda mais marcada pela presença de um globo terrestre com a cruz de Cristo na mão direita da estátua do Rei, representando a descoberta, a conquista e a navegação. Na foto abaixo, a outra estátua de D. João VI exposta na cidade do Porto e voltada para a do Rio de Janeiro.

Próximo ao monumento de D. João VI, na Praça XV, a estátua em homenagem a João Cândido Felisberto que, entre 22 a 26 de novembro de 1910, liderou a Revolta dos Marinheiros contra as péssimas condições de trabalho e também contra o castigo corporal, que havia sido abolido pela Lei Áurea em 1888.

O código da Marinha, no entanto, insistia em permitir castigos em até 25 golpes de chibata. Nem mesmo esse código era respeitado, pois, os castigos chegavam a 50, 100, 200 ou mais chibatadas. João Cândido e seus companheiros assistiram no dia anterior ao levante, o castigo de um colega, o marinheiro Marcelino Rodrigues, que recebeu cerca de 250 golpes de chibata. Essa tortura foi a gota d'água para o início do movimento.

A Revolta, em princípio, foi considerada vitoriosa, tendo em vista que o Governo Federal comprometeu-se a acabar com o emprego da chibata e, também, conceder anistia aos revoltosos. O presidente da época, Marechal Hermes da Fonseca, entretanto, voltou atrás, mandando prender alguns e expulsando outros da Marinha. Muitos acabaram mortos.

João Cândido passou então a trabalhar como timoneiro e carregador em algumas embarcações particulares até os 40 anos de idade, ocasião em que partiu para o Rio Grande do Sul para receber uma pensão de seu Estado, garantida pelo governo de Leonel Brizola, a qual iria receber até o fim da vida.

"O **Almirante Negro**", como era conhecido, morreu pobre no dia 06 de dezembro de 1969, com 89 anos, no Hospital Getulio Vargas na cidade do Rio de Janeiro. Casou-se 3 vezes e teve 11 filhos.

Em 24 de julho de 2008, 39 anos depois de sua morte, foi publicado no Diário Oficial da União a Lei Nº 11.756 que concedeu "anistia" ao líder da

Revolta da Chibata e a seus companheiros. A lei, contudo, vetou a parte em que determinava a reintegração de João Cândido à Marinha do Brasil e o reconhecimento de sua patente, promoções e o pagamento de todos os direitos aos seus familiares.

No começo da década de 70, uma das mais belas canções da música popular brasileira "**O mestre sala dos mares**" - em homenagem a João Cândido e a Revolta da Chibata – foi lançada na voz de Elis Regina. Esta música ficou por alguns anos censurada.

O Mestre Sala dos Mares - João Bosco e Aldir Blan

Há muito tempo nas águas da Guanabara
O dragão do mar reapareceu
Na figura de um bravo marinheiro
A quem a história não esqueceu
Conhecido como o almirante negro
Tinha a dignidade de um mestre sala
E ao navegar pelo mar com seu bloco de fragatas
Foi saudado no porto pelas mocinhas francesas
Jovens polacas e por batalhões de mulatas
Rubras cascatas jorravam das costas
Dos negros pelas pontas das chibatas
Inundando o coração de toda tripulação
Que a exemplo do marinheiro gritava então
Glória aos piratas, às mulatas, às sereias
Glória à farofa, à cachaça, às baleias
Glória a todas as lutas inglórias
Que através da nossa história
Não esquecemos jamais
Salve o almirante negro
Que tem por monumento
As pedras pisadas do cais
Mas faz muito tempo.

RUA DOM MANOEL

No Rio, o acesso ao mar era feito pela Rua Dom Manoel através da praia, na base do Morro do Castelo, chamada de porto/praia dos padres da Companhia. Com o tempo, construíram-se casas à beira-mar e o caminho recebeu o nome de Rua da Misericórdia, cujo hospital localizava-se em seu final.

No final do século XVII, a praia passou a se chamar de D. Manuel, em homenagem ao governador D. Manuel Lobo, morto em 1680 na colônia do Sacramento.

Rua da Praia D. Manoel e Rua D. Manoel com o correr dos tempos. Nela, em razão do mercado de aves que por ali existia, para alguns folcloristas, teria nascido o jogo da capoeira nas brincadeiras de negros escravos que povoavam o logradouro de ponta a ponta.

Nela também ficavam, com a chegada da família real, as vastas cocheiras reais. As primeiras padarias com pão de trigo surgiram na Rua D. Manoel, de onde também partiam as faluas em direção a Niterói.

Na Rua D. Manoel aconteceu, no período imperial, o primeiro baile de máscaras em um teatro carioca. O acontecimento foi em 1846, no **Teatro São Januário,** antigo Teatro da Praia Dom Manuel. A ideia precursora foi da italiana Clara Delmastro, inspirada nos famosos bailes de máscaras que empolgavam Paris, a Cidade Luz. A semente, portanto, havia sido plantada e, mesmo após a demolição do teatro em 1868, os bailes se multiplicaram pelos centros urbanos de todo país, conforme indicação no site, www,tjrj.jus.br – Baile de Máscaras.

Fonte: www.tjrj.jus.br – Baile de Máscaras.

As máscaras foram surgindo por todo canto já nos idos oitocentistas da nossa história. Como nos conta Brasil Gerson em "História das Ruas do Rio "...*depois dos desfiles perante D. Pedro II de longas barbas louras no Paço, ganhavam o centro pela Rua da Cadeia com os seus foliões cantando cantigas ainda ingênuas:*

> *"Quem julgas que o matrimônio*
> *É vida mais maçante,*
> *Converta-se ou desconverta-se:*
> *Vá fazer-se protestante ...*
> *Demo-nos à folia*
> *Que nos dá maior prazer:*
> *Tenha juízo quem for tolo.*
> *A doidice é que quer viver..."*

No local onde outrora foi o Teatro São Januário, deu-se início, em 1922, à construção do Palácio da Justiça. Em 06 de novembro de 1926, no final do governo do Presidente Arthur Bernardes, o Palácio foi inaugurado, sob a presidência do desembargador Ataulpho Nápoles de Paiva. Nos primeiros anos desse nosso século, o exuberante prédio de estilo eclético classicizante passou por uma substancial reforma tendo sido reinaugurado em 08 de novembro de 2010.

À esquerda do suntuoso prédio do antigo Palácio, ao lado da Lâmina III do Tribunal de Justiça, existe ainda uma pracinha que se chamava Beco do Teatro, para onde muitos mascarados olhavam das janelas do velho Teatro São Januário, para descansar e tomar um pouco de ar fresco nos intervalos entre as quadrilhas, valsas e polcas!

Neste ponto, há que se fazer um registro levando em conta a historicidade das festas populares na Cidade do Rio de Janeiro. O carnaval, sem dúvida, não figura no papel de porta-estandarte da identidade carioca e depois brasileira. Na verdade, festas tradicionais e muito envolventes existiam anteriormente com enorme participação da sociedade como um todo e que expressavam a "alma" da cidade. Refiro-me às festas do Divino Espírito Santo que eram realizadas todos os anos em diversos pontos da cidade, ainda na primeira metade do século XIX, sendo a do Campo de Santana a mais intensa e, por isso, a mais importante delas. Na segunda metade do século XIX, no entanto, as famosas festas do Divino começaram a deixar de existir por várias razões que veremos mais à frente. Paralelamente, nesse último período oitocentista, novas festas populares como o Carnaval multiplicaram-se, inclusive como uma forma de delimitação do período de festas, isso, a partir de 1890. Atualmente, as festas do Divino no Estado do Rio de Janeiro saíram dos grandes centros e buscaram outros menos concorridos como Parati no interior do Estado.

Na foto seguinte, a Rua D. Manuel em nossos dias. No primeiro plano o Museu Naval, prédio de 1868. Em seguida, o prédio destinado a ser a primeira sede da Caixa Econômica Federal inaugurado em 1887. Em 2011, mediante convênio com o Governo do Estado do Rio de Janeiro, o edifício foi cedido ao TJRJ para abrigar a Escola da Magistratura do Estado – EMERJ. Ao fundo, o antigo Palácio da Justiça.

VIII

PAÇO IMPERIAL

N OVAMENTE VAMOS UTILIZAR A HISTÓRICA GRAVURA DO MES-
tre Debret, não somente para identificar os prédios mais importantes da época de D. João VI, como também para ressaltar o mesmo
local em épocas distintas.

À esquerda da gravura, o Palácio do Vice-Rei, depois Palácio Real e finalmente Paço Imperial. É sobre este patrimônio histórico que vamos tratar
a partir desse momento.

No dia 08 de março de 1808, toda a Corte portuguesa desembarcou no
Cais do Largo do Carmo, no chafariz do Mestre Valentim. Foram nove dias
de celebrações ininterruptas. Para muitos estudiosos, a transferência da Corte para o Rio significou o início da fundação do Estado brasileiro moderno e
o primeiro-passo em direção à independência.

Naquela época, a cidade do Rio de Janeiro era precária, suja e descuidada. **"Que horror. Antes Luanda, Moçambique ou Timor"**, teria dito a princesa Carlota Joaquina. Por incrível que pareça em alguns locais, ainda hoje, século XXI, essa situação se mantém. Mas, à época, o que fazer para alojar mais de 10.000 portugueses que chegavam ao Novo Mundo acompanhando o Príncipe Regente? A Família Real e seus 350 lacaios ficaram, inicialmente, instalados no Paço Real, uma moradia considerada muito humilde para os padrões da realeza. O prédio foi construído por ordem de Gomes Freire de Andrade, governador da Capitania (região administrativa colonial) do Rio de Janeiro e concluído em 1743.

Com a chegada da Família Real, um terceiro andar foi adicionado à parte central da fachada do Paço. Na parte de trás, uma passagem elevada ligava o prédio ao Convento das Carmelitas, onde a rainha Maria I de Portugal foi abrigada. A sala do trono foi arranjada no segundo andar do Paço.

Em relação aos demais integrantes da Corte, o Príncipe Regente mandou confiscar aproximadamente 2000 casas que eram marcadas pelas letras **P.R.** Príncipe Regente. Logo, o povo passou a traduzi-las como **"Ponha-se na rua" ou "Propriedade roubada".**

Na foto seguinte, outro ângulo do Paço Real. Ao fundo, o Convento das Carmelitas, contrastando com o prédio moderno de quarenta e um andares da Universidade Cândido Mendes.

O Paço Real, depois Imperial com o advento da independência, foi o centro do poder no período monárquico, isto é, de 1808 com a chegada da família real ao Rio de Janeiro até 1889 por ocasião da proclamação da República.

Quanto à residência da Família Real, esta não ficou por muito tempo no
Paço Real. Já em 1808, o então Príncipe Regente mudou-se para a Quinta da
Boa Vista. A área fazia parte de uma fazenda que pertencia aos Jesuítas nos
séculos XVI e XVII. Com a expulsão da Ordem em 1759, a fazenda foi lote-
ada e vendida a terceiros. Na época da chegada da Família Real, a Quinta era
de propriedade de um comerciante português chamado Elias Antonio Lopes,

que tinha erguido, em 1803, um casarão sobre a colina, de onde se tinha uma boa vista da Baía de Guanabara, daí o nome Quinta da Boa Vista.

Elias, conhecido como o proprietário da melhor residência do Rio de Janeiro, antecipou o despejo de sua própria família e doou a sua propriedade ao Príncipe Regente. O comerciante foi recompensado com outra propriedade mais simples, porém, também muito boa. O Príncipe sentiu-se muito honrado e manteve amizade com o Comerciante, o que lhe rendeu posteriormente grandes lucros.

A mansão da Quinta da Boa Vista, portanto, passou a ser a residência permanente da família real. Foram feitas algumas adaptações sendo que a mais importante ocorreu à época do casamento de D. Pedro e Maria Leopoldina da

Áustria. Na mansão da Quinta, localizada atualmente no Bairro de São Cristóvão, viveram D. João VI, D. Pedro I, D. Miguel e, posteriormente, as imperatrizes D. Leopoldina, D. Amélia e D. Teresa Cristina. Ali nasceram D. Pedro II, D. Maria da Glória (Futura Rainha de Portugal) e a Princesa Isabel. Na mansão, faleceu a Imperatriz Leopoldina, de parto, em 1826.

Hoje, a residência imperial é administrada pela Universidade Federal do Rio de Janeiro e abriga o Museu Nacional, um dos maiores do país e que, por isso, merece ser visitado.

Quando o Brasil tornou-se independente em 1822, o Paço passou a ser chamado de Imperial, mantendo-se como sede formal e local de trabalho dos monarcas brasileiros.

Na imagem seguinte, a cerimônia do "beija-mão", um costume típico da monarquia portuguesa. D. João recebia seus súditos todas as noites, salvo domingos feriados. Chegava a receber 150 pessoas por dia. D. Pedro I e II mantiveram a cerimônia.

JANELA HISTÓRICA COMPLEMENTAR

Vários eventos importantes da História do Brasil ocorreram no Paço Imperial. Em 9 de janeiro de 1822, Pedro I anunciou, de uma das varandas de frente para a praça, que iria recusar as ordens portuguesas e permanecer no Brasil. Foi o chamado "Dia do Fico". Em 1888, da janela central do Palácio, a filha de Pedro II, a Princesa Isabel, atuando como regente, assinou a famosa Lei Áurea que proibiu definitivamente a escravidão no Brasil. Além disso, o Paço serviu de base para as coroações de D. João VI, Pedro I e Pedro II entre outras celebrações públicas.

Outro ângulo do Paço Imperial

Com a criação da República, em 1889, o Paço Imperial perdeu a sua importância. Os republicanos, propositalmente, usaram o Paço para instalar a Central do Correio do Rio de Janeiro assim como trocaram o nome do Largo do Paço para Praça XV de Novembro. A decoração dos quartos foi dispersa e as fachadas modificadas. Somente em 1980, uma grande restauração devolveu ao prédio a aparência que existia por volta de 1818. Em 1985, o prédio foi restaurado, visando enaltecer as marcas deixadas pelas diversas fases históricas.

Hoje, funciona no prédio um centro cultural com exposições temporárias de arte, pintura, escultura, cinema, música etc. O prédio abriga também a Biblioteca Paulo Santos, especializada em arte, arquitetura e engenharia, contendo vários livros raros dos séculos XVI a XVIII.

Interior do Paço

Com base nas palavras de Leandro Loyola, e diante de novas pesquisas históricas, realmente D. João VI era um governante com limitações, até porque não foi preparado para ser um estadista, mas sim, o seu irmão José que morreu aos 26 anos. Por outro lado, é inegável que a conjuntura que enfrentou foi muito adversa e, mesmo assim, conseguiu sobreviver. No início do século XIX, como já sabemos, Portugal era um país empobrecido, dependente economicamente da Inglaterra e, por isso mesmo, quase sempre era obrigação promover concessões e mais concessões aos britânicos. Napoleão Bonaparte, por outro lado, e curiosamente antes de morrer na Ilha de Santa Helena, disse que D. João VI foi o único que conseguiu lhe enganar. Até hoje existe essa polêmica sobre a capacidade de D. João VI de governar. Alguns defendem que ele era um "bobalhão", outros que era um estrategista e até um radical da cautela.

Para nós, brasileiros, já sabemos que a vinda da Família Real para o Rio de Janeiro foi muito importante porque, de uma hora para outra, o Brasil deixou de ser uma colônia, tornando-se um Reino unido à Portugal e, logo depois, um país independente.

No início do século XIX, o Rio de Janeiro contava com aproximadamente 60 mil habitantes que testemunharam diversas mudanças significativas na cidade promovidas pelo Príncipe Regente. Como informa Eduardo Bueno no seu livro, "Brasil: Uma História", D. João **"... determinou o início das obras de remodelamento do Rio: charcos foram drenados, ruas ampliadas e calçadas construídas, novos e suntuosos bairros, como Glória, Flamengo e Botafogo, praticamente criados e a Rua Direita, a atual Primeiro de Março, toda modernizada. Em menos de cinco anos, o Rio**

já estava bastante modificado. Com a chegada da missão francesa, em 1816, a cidade iria lentamente adquirir ares imperiais".

Além disso, D. João permitiu a instalação de indústrias e aparelhou as Forças Armadas, criando a Academia da Marinha, a Academia Militar e uma fábrica de pólvora com a ajuda dos traficantes de escravos do Rio de Janeiro. Construiu o Jardim Botânico, o Observatório Astronômico, o Museu Mineralógico, Teatro, Biblioteca e a Tipografia Real, cuja primeira publicação foi "A riqueza das nações, de Adam Smith".

Quanto ao retorno de D. João VI a Portugal, isso era inevitável em razão da forte pressão decorrente do movimento português que exigia a sua volta. Ao fazê-lo, deixou aqui o seu filho Pedro dizendo para ele que **"Se o Brasil se separar, antes seja para ti, que me hás de respeitar, do que para algum desses aventureiros".** É claro que ele sabia que a independência brasileira era uma questão de tempo, muito mais pelas divergências entre os próprios portugueses do que pela própria vontade dos brasileiros.

No dia 25 de abril de 1821, treze anos após a sua chegada, D. João VI retornou à Europa acompanhado da rainha Carlota Joaquina, do filho Miguel, das seis princesas, quatro mil cortesãos, além de boa parte do Tesouro Real com mais de 50 milhões de cruzados sacados do Banco do Brasil.

Quanto á rainha Carlota Joaquina, esta, além do Brasil, tinha horror ao marido. Eram casados há 36 anos, mas não conviviam há vinte. Dizia-se que pelo menos cinco dos nove rebentos não eram fruto de D. João. Dona Carlota, que colecionava amantes, morou na casa de praia de Botafogo onde tinha o hábito de se banhar nua. Não dava atenção ao filho Pedro e vivia fumando a erva **diamba**, hoje chamada maconha. Ao sair pelas ruas do Rio, era precedida por um séquito de seguranças, exigindo que todos os súditos se ajoelhassem diante dela.

No próximo capítulo faremos algumas considerações sobre a independência brasileira.

Árvore genealógica da família imperial brasileira

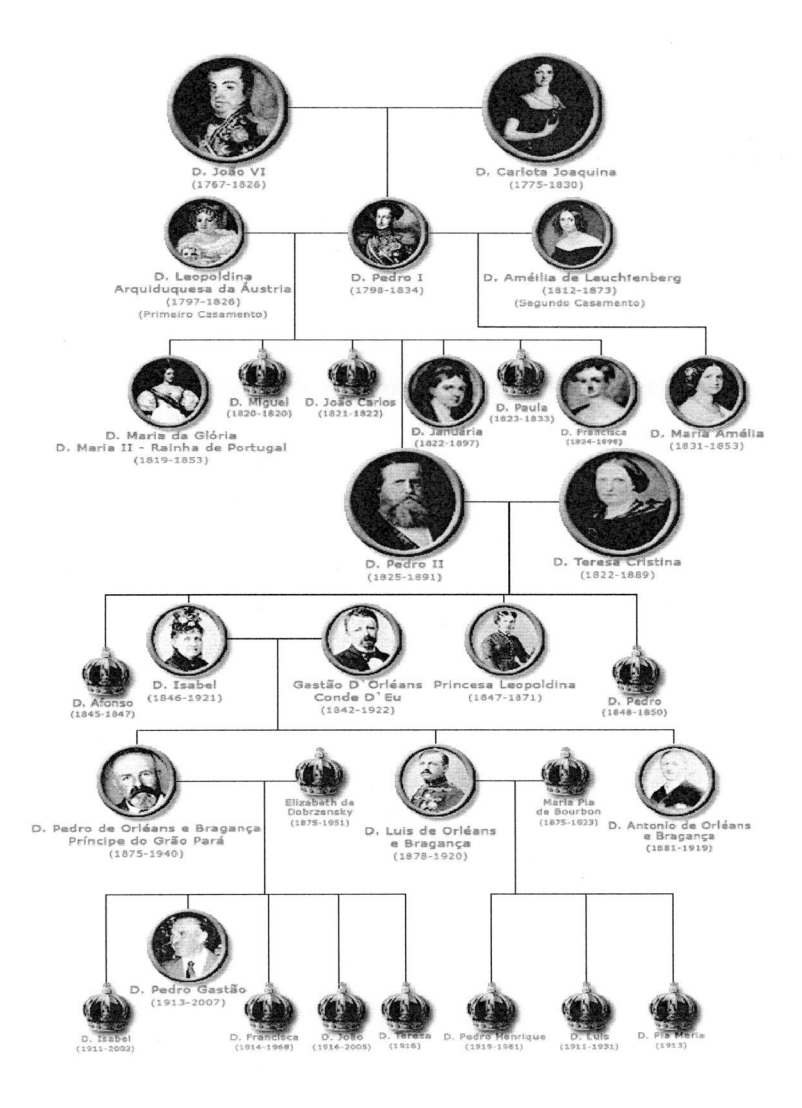

Fonte: Histórico & Personagens - Museu Imperial. R. da
Imperatriz, 220, Centro–Petrópolis–RJ–CEP: 25610-320

IX
INDEPENDÊNCIA DO BRASIL

Vimos que a chegada da família real portuguesa ao Rio de Janeiro em 1808 acelerou o processo de independência do Brasil, ressaltando que os fatos antecedentes ao movimento estavam diretamente ligados à Revolução Liberal do Porto que eclodiu em agosto de 1820. D. João VI, por isso, teve que voltar à Portugal em abril de 1821, pois, do contrário, poderia perder o trono português. Aliás, desde janeiro daquele ano, as cortes já estavam impondo várias medidas à colônia brasileira que produziram profundo descontentamento, tais como:

- *Os governos provinciais passariam a ser independentes do Rio de Janeiro e subordinados à Coroa. Com essa medida, o Brasil poderia ter se transformado em vários países, levando em conta a sua extensão territorial.*

- *Houve também, por parte dos lusitanos, uma tentativa de revogar os acordos comerciais feitos com a Inglaterra.*

Boris Fausto em "História Concisa do Brasil" informa que os portugueses punham ainda "lenha na fogueira", com suas referências desdenhosas ao povo da Colônia. Diziam que o Brasil era ***"uma terra de macacos, de bananas e de negrinhos apanhados na costa da África",*** que estavam precisando de um cão de fila para entrar em ordem.

Entre fins de setembro e outubro de 1821, novas medidas foram impostas que fortaleceram ainda mais o movimento separatista. Dentre, estas, destacam-se:

- *A transferência para Lisboa das principais repartições instaladas no Brasil por D. João VI;*
- *O envio de novos contingentes de tropas portuguesas ao Rio de Janeiro e Pernambuco;*
- *A determinação de que o Príncipe Regente seguisse imediatamente à Portugal.*

Boris Fausto esclarece que a decisão do Príncipe de permanecer no Brasil, solenizada no "Dia do Fico", em 09 de janeiro de 1822, representou um caminho sem volta e, a partir daí, várias providências foram tomadas, agora sim, em direção à separação.

Em setembro de 1822, mais despachos chegaram de Lisboa, revogando os decretos de Dom Pedro e determinando, mais uma vez o seu regresso. Nessas cartas, o Príncipe era tratado ironicamente como *"rapazinho"* ou *"brasileiro"*. Além disso, aqueles que apoiaram o episódio do "Fico" seriam considerados, pela Coroa, traidores da Pátria.

Como se vê, as ordens descabidas dos portugueses só aceleraram o movimento, fazendo com que D. Pedro não tivesse alternativa a não ser formalizar a independência brasileira. Sobre esse período de nossa história, parece que nossos patrícios pretendiam, na verdade, estimular o movimento de separação diante de tais imposições e não o contrário.

A princesa Dona Leopoldina e José Bonifácio após receberem as últimas cartas provenientes da Corte, enviaram-nas ao Príncipe que se encontrava em viagem a Minas - São Paulo. O mensageiro alcançou a comitiva somente no dia 07 de setembro de 1822, às margens do Riacho Ipiranga, local que se tornou histórico porque, após ler as cartas e também a mensagem de José Bonifácio, D. Pedro proferiu o chamado grito do Ipiranga, tornando o Brasil livre de Portugal, sem nenhuma luta e sem nenhum derramamento de sangue.

Meses antes da formalização, ninguém ligava para a separação. Esta só ocorreu porque a Coroa insistia em manter o Brasil em posição de inferioridade. O Príncipe, então, não teve alternativa senão fazer o que, para muitos, ele também não queria, isto é, anunciar a independência brasileira.

O grito de independência, aliás, poderia ser bradado em outro local caso os movimentos intestinais de Dom Pedro não tivessem sido tão contundentes naquela ocasião.

E assim foi feita a nossa independência, ou seja, sem participação do povo ou de um herói libertador, muito diferente dos movimentos libertários da América Espanhola. Portugal, por sua vez, só reconheceu definitivamente a nossa independência após o pagamento de uma indenização de dois milhões de libras esterlinas.

Quanto aos nossos vizinhos, quase todos os movimentos foram revolucionários. Do México a Argentina, com exceção do Chile, as lutas resultaram em tragédias. A América Espanhola fragmentou-se, dando origem a várias repúblicas, conforme escreveu Leandro Narloch, no seu Guia politicamente incorreto da história do Brasil, como se vê a seguir.

"A Venezuela depois de se ver livre da Espanha e se separar do vice-reinado da Colômbia, caiu em guerras civis e raciais com resultados genocidas. (...) Na Argentina as decisões ficaram nas mãos dos caudilhos, líderes militarizados cheios de virilidade, bravura e proezas equestres, como Juan Manuel de Rosas e Facundo Quiroga. (...)" No Paraguai, **"o primeiro presidente, José Gaspar Rodrigues de Francia, expulsou todos os empresários e comerciantes do país e decidiu se meter até mesmo na vida sexual, dos cidadãos (...). Em toda a América espanhola, a economia foi à ruína, e demorou décadas para voltar aos níveis anteriores às revoluções."**

"O Brasil tomou um rumo diferente não só por ignorar a voz do povo, por "pressão dos grandes proprietários de terras" como geralmente se diz, ou por uma suposta mania do brasileiro de deixar as coisas como estão."

De qualquer forma, o Brasil precisava consolidar a libertação combatendo as tropas portuguesas que vieram para o Brasil com o objetivo de fazer valer as imposições da Coroa. Os negros africanos, nesta oportunidade, foram chamados para lutar em prol da consolidação da independência.

JANELA DE COMPLEMENTAÇÃO HISTÓRICA

O principal personagem da época era Pedro de Alcântara Francisco Antonio João Carlos Xavier de Paula Miguel Rafael Joaquim José Gonzaga Pasqual Sipriano Serafim de Bragança e Borbon, o D. Pedro I.

Ele foi criado solto na Quinta da Boa Vista ou na Fazenda Santa Cruz. Andava sozinho na mata e brigava a pau e soco com outras crianças. Tornou-se um exímio, mas imprudente cavaleiro tendo caído do cavalo mais de 30 vezes. Sofria de epilepsia congênita. Vivia tomando banho na praia do Flamengo. Era considerado mau poeta, mas bom escultor e excelente músico. Tocava clarinete, flauta, violino, fagote, trombone e cravo.

Pedro I compondo o Hino Nacional (hoje hino da independência).
Pintura do Artista Augusto Braga.

Leandro Narloch no "Guia politicamente incorreto da História do Brasil", informa que D. Pedro "foi o líder mais tosco da história. Fanfarrão, temperamental, mal-educado, devasso, corrupto". Segundo o autor, quando D. Pedro "se sentia ofendido por algum jornal ... publicava panfletos anônimos cheios de xingamentos. Isso quando não partia direto para a violência". Por outro lado, ao fechar a Assembleia Constituinte, prometeu uma constituição "duas vezes mais liberal" que a planejada pelos deputados. Cumpriu a promessa no ano seguinte, apresentando uma das cartas mais modernas da época, o que não evitou o movimento denominado "Confederação do Equador".

Na Taverna das Cornetas, na Rua das Violas, o príncipe conheceu Francisco Gomes da Silva, Chalaça, o amigo para o resto da vida.

Dias antes do "07 de setembro", esclarece Eduardo Bueno em "Brasil: Uma História", fl. 181, que "numa viela pouco frequentada de Santos", o príncipe viu uma bela mulata e, com "gesto rápido de quem não quer perder a caça, embargou-lhe o passo e a beijou. A moça que evidentemente não reconheceu o príncipe regente , o esbofeteou e fugiu." Não adiantou nada. Uma semana depois, já estava ele apaixonado por aquela que seria a mulher de sua vida: **Domitila de Castro Canto e Melo, futura Marquesa de Santos** com quem D. Pedro I teve 4 filhos. Existem, no entanto, registros de que D. Pedro conheceu Domitila de Castro primeiramente no Rio de Janeiro.

ESPOSAS: Dona Leopoldina com quem teve 07 filhos morreu em 1826 em consequência de mais um parto. Em 1829, D. Pedro casou com a princesa Amélia de Luchtenberg, tendo mais uma filha.

Embora tivesse relações sexuais com muitas mulheres e inúmeros filhos não registrados, a grande paixão do Imperador foi a Marquesa de Santos. Ele a levou para morar em frente ao Palácio e Dona Leopoldina, segundo relatos, morreu provavelmente de desgosto. Forçado a casar de novo, D. Pedro foi obrigado a dispensar a amante em 1929. Antes, porém, a Marquesa descobriu que o imperador tinha também um caso com a sua irmã, Maria Bendita, e, por isso, tentou matá-la. A Marquesa acabou voltando para São Paulo onde veio a se casar. Morreu aos 70 anos.

No dia 1º de dezembro de 1822, com 24 anos, o príncipe foi coroado imperador, recebendo o título de Dom Pedro I. O Brasil se tornava independente e com um rei português no trono.

Cerimônia de coroação do Imperador do Brasil de Jean-Baptista Debret

Quanto às lutas entre brasileiros e portugueses, pela consolidação da Independência, existem registros de um acordo com os negros, intermediado por Gonçalves Ledo, para que lutassem contra a resistência portuguesa sob o argumento de que, com a expulsão dos lusitanos, **todos os escravos seriam libertos**. E aí sim, o Brasil seria uma pátria livre e com um povo livre.

Essa proposta registrada por Leontino R. B. Massot, numa espécie de denúncia intitulada **"A história da independência do Brasil contada pelos negros",** teria sido levada a D. Pedro que, por sua vez, vendo a independência ameaçada pelas tropas portuguesas, teria aceitado a ajuda dos negros prometendo libertá-los após a consolidação da independência. Estes se uniram, então, aos mercenários ingleses, franceses, italianos e aventureiros de outras nacionalidades, contratados pelo Imperador para lutar pela consolidação da Independência.

Os principais conflitos armados ocorreram na Bahia, Maranhão e na Província Cisplatina. Na Bahia, o conflito entre portugueses e brasileiros terminou no dia 02 de julho de 1823. Ainda hoje, o "2 de julho" na Bahia, é a data cívica mais comemorada no Estado, suplantando amplamente o "7 de setembro".

Após a derrota dos portugueses, os negros ficaram felizes, mesmo com tantas mortes, porque haviam sido escravos num país escravo e agora seriam livres num país livre que eles próprios ajudaram a libertar. Passado, entretanto, o perigo que ameaçava a independência, D. Pedro uniu-se aos conservadores escravocratas liderados por José Bonifácio e, quebrando a promessa feita, rodeou-se daquelas tropas mercenárias, dessa vez para combater os liberais e reconduzir os negros ao cativeiro, não cumprindo a promessa, conforme relata Leontino R. B. Massot no seu "História da Independência do Brasil contada pelos negros".

A consolidação da independência foi rápida, não só porque o rei era português, mas também porque a nova ordem manteve os privilégios das elites e, sobretudo a escravidão.

Família sendo seguida por seus escravos em 1811 de Henry Chamberlain

Os registros são no sentido de que, mais uma vez, os escravos resistiram heroicamente, porém, diante do poderio bélico infinitamente superior das tropas imperiais, eles não suportaram, sendo obrigados a retornar ao cativeiro.

Fuga de escravos, óleo sobre tela por Francois Auguste Biarde (1859)

Nos livros escolares, só aparecem como heróis da independência, nomes de mercenários contratados como: Pedro Labatut, Thomas Cochane, Carlos Frederico Lecor, John Taylor e outros. Os heróis negros, assim como os heróis indígenas, nunca apareceram.

Além da consolidação, o debate político central nos dois anos após a independência se concentrou em torno da aprovação da primeira constituição brasileira. De um lado estavam os liberais e de outro, D. Pedro e seus seguidores que pretendiam o poder de veto e o controle sobre o legislativo. Essa divergência fez com que o Imperador no dia 12 de novembro de 1823, destituísse a Constituinte mandando prender ou exilar vários deputados opositores à concentração de poder na pessoa do Imperador. Logo em seguida, um novo projeto de constituição foi elaborado e, em 25 de março de 1824, foi promulgada a primeira Carta Magna do Brasil.

D. Pedro I - Fonte: Revista de História.com.br

Como consequência da atitude absolutista de D. Pedro I, em 02 de julho de 1824, explodiu em Pernambuco a **Confederação do Equador** que foi um movimento republicano, urbano e popular, contrário ao fechamento da Assembleia Constituinte no Rio de Janeiro. O movimento contou com o apoio dos federalistas de outras províncias do nordeste brasileiro, mas o movimento foi rapidamente debelado, logo no início de 1824, pelas tropas do Brigadeiro Lima e Silva com o apoio da esquadra comandada pelo Lorde Cochrane.

A MORTE DE D. JOÃO VI

No dia 10 de março de 1826, D. João VI faleceu criando um problema de sucessão no trono português: por um lado, Pedro não podia acumular os cargos de rei de Portugal e imperador do Brasil; por outro, o seu irmão Miguel trabalhava, custe o que custasse, para se tornar o rei. Naquele mesmo ano, entretanto, Pedro I foi a Portugal e tornou-se o novo Rei com o título de Dom Pedro IV. Abdicou cerca de sete dias depois, em favor da sua filha Maria da Glória e regressou ao Brasil. Antes, porém, costurou um acordo, no qual sua filha Maria da Glória, agora Rainha, se casaria com o tio Miguel que, por sua vez, assumiria o trono em nome dela. No dia 23 de julho de 1828, D. Miguel não respeitou o acordo e, com o apoio dos setores conservadores, foi proclamado Rei de Portugal. Isto provocou o início das guerras em Lisboa entre os liberais partidários de Pedro e os absolutistas partidários de Miguel.

Em 1831, D. Pedro I, que já sofria forte pressão e oposição no Brasil, decidiu-se pela abdicação do trono brasileiro em favor do seu filho Pedro II, com apenas 5 anos de idade, sob o argumento de que deveria regressar a Portugal para lutar pela causa liberal e pelo reconhecimento do direito da filha ao trono português. José Bonifácio foi nomeado tutor da criança.

Abdicação de D. Pedro I, 1831 de Aurélio de Figueiredo

D. Pedro seguiu para os Açores para organizar a resistência e assim que obteve uma armada capaz de enfrentar as tropas do irmão Miguel, partiu para a cidade do Porto. A partir daí, muitas batalhas ocorreram, com graves perdas para ambos os lados, culminando com a vitória de Pedro em 1834 e, consequentemente, o regresso de sua filha Maria da Glória à Coroa portuguesa.

Quanto a D. Miguel, que muito provavelmente não era filho de D. João VI, mas de um dos amantes da Rainha Carlota Joaquina, foi novamente para o exílio, dessa vez para a Alemanha.

Naquele mesmo ano, em 24 de setembro, D. Pedro morreu, aos 36 anos, vítima de tuberculose ou outra doença, no mesmo local e no mesmo quarto em que havia nascido, no Palácio Queluz em Lisboa, Portugal. Ao seu lado, na hora da morte, estavam a sua esposa Amélia e sua filha Maria da Glória, então rainha de Portugal. Também presente, o inseparável amigo, secretário particular e companheiro de muitas andanças, o Chalaça.

D. Pedro foi sepultado no Panteão dos Bragança, na Igreja de São Vicente de Fora em Lisboa. O seu coração foi doado, por decisão testamentária, à cidade do Porto, encontrando-se conservado na Igreja da Lapa. Em

1972, por ocasião dos 150 anos da Independência do Brasil, seus despojos foram trasladados para a cripta do Monumento à Independência, localizado no Museu do Ipiranga em São Paulo, no Brasil.

Atualmente, os restos mortais do imperador repousam ao lado de sua primeira esposa, a imperatriz Leopoldina e da segunda, a imperatriz Amélia.

Entre fevereiro e setembro de 2012, foram realizadas pela Faculdade de Medicina da USP, sob sigilo, exumações nos restos mortais de Pedro I e de suas duas esposas D. Leopoldina e D. Amélia. Descobriu-se que o imperador tinha quatro costelas fraturadas do lado esquerdo, o que praticamente inutilizou um de seus pulmões agravando a possível tuberculose que o matou. Os ferimentos constatados foram resultado de dois acidentes a cavalo (queda e quebra de carruagem) em 1823 e 1829, ambos no Rio de Janeiro. Fala-se também que o imperador teria contraído sífilis.

O maior legado de Pedro I foi ter garantido a integridade territorial de um Império de proporções continentais.

Como mencionado anteriormente, os negros lutaram efetivamente pela consolidação da independência e também pelo fim do cativeiro, porém, logo depois, contrariando a expectativa criada em prol da abolição da escravatura, foram todos obrigados a voltar às senzalas, atendendo, dessa forma, os interesses dos fazendeiros escravocratas. A abolição definitiva somente aconteceria ao final do século XIX, em 1888, sessenta e seis anos após a Independência, com o advento da assinatura da Lei Áurea pela Princesa Isabel.

Texto breve da Lei Áurea de 13 de maio de 1888. Fonte: www.infoescola.com

Os negros mais uma vez se fizeram presentes em agradecimento à assinatura da Lei Áurea. Chegaram a se colocar à disposição da Monarquia para um possível movimento de resistência contra a República. Isso, no entanto, não aconteceu porque o próprio D. Pedro II, não acreditava nos levantes republicanos. Achava que não ia dar em nada. A Monarquia caiu e os governos que se sucederam trataram os negros "livres" como marginais não só por questões raciais, como pelo apoio deles à causa monárquica, em razão da liberdade obtida ainda que tardia e da forma como foi feita.

Na próxima foto, o povo diante do Paço após a sanção da Lei Áurea em 1888. Ao fundo, o Morro do Castelo destruído na década de 1920.

Fonte: pt.wikipedia.org

Sobre o golpe republicano conversaremos no final desta primeira parte de "Passos com história".

De acordo com Leandro Narloch em "Guia Politicamente Incorreto da História do Brasil, ed. Leya, 2ª edição, 18ª reimpressão, fl. 281, *"O Sete de Setembro foi um símbolo nacional que se construiu aos poucos. Décadas depois de dom Pedro dar o grito do Ipiranga, pouca gente comemorava a data ou a considerava importante para a história do Brasil. Só a partir de 1862, com a inauguração da estátua equestre de dom Pedro I no Rio, e principalmente nos primeiros anos da República, o Sete de Setembro ganhou a importância que tem hoje."*

X

MANSÃO DOS TELES DE MENEZES E MEDIAÇÕES

U TILIZANDO MAIS UMA VEZ A GRAVURA DO MESTRE DEBRET, observemos à direita a mansão dos Telles de Menezes. Comparemo--la à foto a seguir e o que restou do prédio.

A construção se deu por volta de 1743 pelo então Dr. Francisco Barreto Teles de Menezes. O edifício é da mesma época da Casa dos Governadores que, posteriormente, seria o Paço Real e Imperial. O local, a partir do Arco que se pode ver na foto seguinte, é considerado uma pérola do Rio Antigo e do patrimônio histórico da cidade. Acrescente-se que o mesmo foi construído para ligar a antiga Praça do Carmo, hoje Praça XV, à Rua da Cruz, atual Rua do Ouvidor.

A imagem seguinte mostra o que sobrou da Mansão, após o devastador incêndio ocorrido em 1790.

O incêndio destruiu o prédio e um armazém que havia no térreo, além de inúmeros arquivos e documentos. Naquela época, final do século XVIII, a sede do Senado da Câmara funcionava nesse local. Centenas de pessoas saíram às ruas às pressas para ajudar no que fosse possível, mas, infelizmente, quase tudo se perdeu, restando somente a fachada em branco onde está localizado o Arco do Teles. Existem registros que o incêndio teria começado em uma loja térrea, próxima à Rua Direita, atual Primeiro de Março, onde existia um comércio de objetos usados chamado "O caga negócios".

Fonte: pracaxv4.jpg-portalgeo.rio.rj.gov.br – 1264 x 420

O incêndio, entretanto, nunca ficou bem esclarecido, uma vez que destruiu documentos controversos sobre a origem das posses territoriais, o que levantou a hipótese de ato criminoso. Após o incêndio, o Arco se tornou um local decadente por dezenas de anos, tido como um local de má fama frequentado por mendigos, prostitutas, criminosos etc.

Fonte: Rio e Cultura – Coluna Patrinônio Histórico – www.
rioecultura.com.br – Pesquisa p/imagem.

O Arco do Teles é uma das principais entradas do Rio Antigo.

Atualmente, sobre a secular edificação dos Teles de Menezes, foi constru-ído um edifício "moderno" um tanto quanto recuado com base no duvidoso parecer de Lucio Costa, que permitiu a construção, conforme consta no livro "História das Ruas do Rio" de Brasil Gerson, 6ª edição, fl. 51.

Na próxima janela, uma história do Arco do Teles instigante. Há quem considere o lugar maldito e garanta ser mal assombrado.

A LENDA BÁRBARA DOS PRAZERES

A má sina daquele local iria se revelar em 20 de julho de 1790 quando um violento incêndio destruiu o prédio ferindo dezenas de pessoas e matando duas. O lugar, a partir daí, decaiu e tornou-se reduto de marginais e prostitutas.

A maior parte dos dados abaixo foi registrada na Intendência Geral de Polícia, criada pelo Príncipe D. João, em 1809.

Em um texto para o site "Mapas antigos", conforme informação de "Diário do Rio", Carlos Serqueira conta sobre uma bruxa que assombrou o local:

Nascida em Portugal no ano de 1770, Bárbara dos Prazeres tinha 18 anos de idade quando veio com o marido para o Brasil. No Rio de Janeiro, apaixonou-se por um mulato e assassinou o esposo para viver livremente com o amante. Consta que este, passou a viver às custas da jovem e que, durante uma briga do casal, Bárbara também o matou.

Marcada pelos assassinatos e sem meios de subsistência, restou à bela jovem de 20 anos ganhar a vida na prostituição. Fez seu ponto exatamente debaixo do Arco do Telles, onde angariou vasta clientela.

Com aproximadamente 40 anos, já não mais atraia tantos homens. Além disso, sofria de insuportáveis dores, provavelmente por ter contraído sífilis. Temendo cair na miséria e na solidão, procurou solução para o seu problema na feitiçaria e na magia negra, ou seja, queria aliviar-se das dores e tornar-se bonita e jovem outra vez.

Uns disseram que isso custou todo o dinheiro que havia juntado. Outros, que o preço foi a sua própria alma. A verdade é que Bárbara passou a usar a fórmula que lhe deram. Algumas ervas e sangue humano morno, mais precisamente de crianças.

Foi quando ela começou a raptar meninos pobres, filhos de escravos e de mendigos, ficando também de tocaia na Roda dos Expostos da Santa Casa, onde eram abandonados os bebês para adoção.

Desenho de Thomas Eybank (1845)

O que se sabe é que foram dezenas as vítimas que ela sacrificou no lúgubre ritual de rejuvenescimento. O pavor tomou conta da população do Rio de Janeiro, cujas crianças passaram a ser trancadas em casa e a sair somente na companhia de adultos. É dessa época que surgiram as expressões: **"cuidado que a bruxa está solta!"**, "olha que a Onça está solta!" e também, "**cuidado que a cuca vai pegar"**.

Bárbara levava suas pequenas vítimas para a tapera em que morava, na Cidade Nova. Pendurava as crianças pelos pés com uma corda, esfaqueava-as e postava-se embaixo delas para banhar-se do sangue que jorrava ainda quente dos pequenos corpos sem vida.

O folclorista Câmara Cascudo conta *in* **"Geografia dos Mitos Brasileiros"**, que Bárbara era leprosa e fez o que fez para curar-se da enfermidade.

Consta que a "bruxa" viveu até 1830, quando desapareceu. Nesse ano, surgiu um cadáver de mulher boiando próximo ao Largo do Paço, mas suas feições estavam irreconhecíveis. Alguns afirmaram que era Bárbara, mas outros não a identificaram.

Brasil Gerson, em "Histórias das Ruas do Rio", fl. 49, escreveu que Bárbara nos tempos de D. Pedro I, abrigava-se no Arco depois de leprosa e que costumava passar pelo corpo, sangue de cães e de gatos que matava, além de roubar recém-nascidos na Roda dos Expostos e levá-los para lugares ermos a fim de chupar-lhes o sangue.

O fato é que, hoje em dia, em certas madrugadas, escutam-se no beco, gargalhadas, lamentos, palavrões e choros ecoando assustadoramente pelos vazios do Arco do Teles. Os vultos parecem entrar e sair pelas paredes. "A bruxa tá solta"

Ao passar sob o Arco, chega-se à Travessa do Comércio composto por casarios, a maioria deles con-servados, onde funcionam bares e restauran-tes. Aliás, o primeiro e verdadeiro mercado do Rio à moda de feira-livre sur-giu ali, isto é, entre o Largo do Paço e as imediações da Alfândega onde havia de tudo. Nas bar-racas do francês F.Dobadie podiam-se comprar maca-cos, micos, lagartos e até jacarés. Próximo dali, na Rua do Ouvidor, nasceu o co-mércio de quinquilharias e tecidos a partir da segunda metade do século XIX.

Normalmente o "happy hour" no local é regado por um ambiente místi-co, diferente, e com muita história para contar. Inegavelmente, esse pedaço do Rio Antigo trans-formou-se em um dos mais interessantes do Rio. Andar por ali é como voltar à época passada. É uma viagem no tempo; caminhar sem pressa, apreciar os casarios dos séculos XVIII e XIX, ocupar uma mesa de bar, contemplar o ambiente, esquecer-se.

Ao passar sob o Arco do Teles, logo do lado esquerdo, o casario de nº 13 onde morou Carmem Miranda no início de sua carreira artística. Na par-te de baixo da residência, funcionava a pensão de sua mãe. Existem regis-tros que era a própria Carmem quem entregava as quentinhas no centro do Rio de Janeiro. Nas fotos abaixo, a casa e a placa comemorativa fixada bem na entrada.

No livro *"Carmem" de* Ruy Castro, o registro de que a artista foi a brasileira mais famosa do século XX. A menina Maria do Carmo nasceu numa aldeia em Portugal em 1909 vindo para o Brasil naquele mesmo ano. A sua carreira foi consagradora no Brasil e também nos Estados Unidos. Morreu aos 46 anos em Beverly Hills, vítima da carreira meteórica e dos muitos soníferos e estimulantes que massacraram seu organismo em pouco tempo.

Dentre as mais de 400 músicas gravadas por Carmem Miranda, destacamos aqui quatro delas:

- *Mamãe eu quero;*
- *O que é que a baiana tem?;*
- *Pra você gostar de mim e*
- *Tico-tico no fubá.*

Continuando e virando à direita, depara-se com a Rua do Mercado, uma das mais importantes do século XIX, onde existem diversos restaurantes instalados nos casarios de época.

Fim de tarde na Rua do Ouvidor.

Na próxima imagem, a continuação da Rua do Mercado, destacando mais um "happ hour" na região.

Ainda a Rua do Mercado com o prédio do Centro Cultural dos Correios ao fundo.

Na próxima imagem, um casario típico da arquitetura portuguesa, localizado na Rua do Rosário, transversal a Rua do Mercado no Centro da Cidade.

Em 1747, os mais ricos comerciantes da região constituíram uma irmandade e construíram a Igreja de Nossa Senhora da Lapa dos Mercadores. A obra ficou pronta em 1755 e a decoração interna em 1766. Trata-se de um belíssimo templo localizado na Rua do Ouvidor, entre a Rua do Mercado e Primeiro de Março, muito próximo do Arco do Teles.

É importante esclarecer que as obras monumentais de cada povo perduram no presente como o testemunho vivo de tradições seculares. A humanidade, cada vez mais consciente da unidade dos valores humanos, considera-as um patrimônio comum e, perante as gerações futuras, entende que as mesmas devam ser preservadas e transmitidas na plenitude de sua autenticidade, para não interromper o processo evolutivo do conhecimento.

O interior da capela é surpreendente. Uma joia, pertinho do Arco.

JANELA DE COMPLEMENTAÇÃO

Quando da eclosão da Segunda Revolta da Armada brasileira (Revolta da Marinha contra os primeiros anos da República brasileira), um tiro disparado pelo encouraçado Aquidabã atingiu a torre sineira da igreja (25 de setembro de 1893), derrubando a estátua de Nossa Senhora. Tanto a estátua quanto o projétil que a atingiu encontram-se, hoje, expostos na sacristia da Igreja.

Mais tarde, foi instalado na torre o primeiro carrilhão da cidade, anterior ao da Igreja de São José. Carrilhão é um instrumento musical de percussão formado por um conjunto de sinos de tamanhos variados e controlados por um teclado.

Na remodelação do templo ainda no século XIX, foi erguida a torre sineira no centro da fachada (veja foto). Na mesma ocasião, foi encontrado enterrado, atrás da igreja, um grande medalhão circular em lioz, representando a coroação da Virgem. Acredita-se que o medalhão pertencia à Igreja da Ordem Terceira de São Francisco da Penitência, proprietária do terreno e que, por razões desconhecidas, não foi aproveitado. A peça foi recuperada e afixada à fachada principal. Duas esculturas, em vulto redondo de santos, também em lioz e construídas em Portugal, foram colocadas em nichos adornando a fachada. Outra escultura, representando a Igreja, foi instalada na torre.

Na foto acima, o medalhão da fachada localizado logo abaixo do relógio. Esse medalhão chama-se frontifício, isto é, um elemento arquitetônico constituído genericamente por elementos decoradores. Sua composição reflete o período histórico da obra.

A decoração interior foi feita em estilo rococó tardio (para alguns, última fase do barroco). A talha de madeira, de autoria de Antônio de Pádua e Castro, confunde-se com o estuque, executado por Antônio Alves Meira.

Paralelo à Rua do Mercado e próximo ao Centro Cultural dos Correios, na Rua Visconde de Itaboraí, outro cantinho muito gracioso com vários bares e restaurantes que também merece ser visitado. Nessa região ficam localizados o Centro Cultural dos Correios, Casa França Brasil e Centro Cultural Banco do Brasil.

O Decreto 3141/1983 estabelece que é de interesse público a preservação e a revitalização de áreas no Centro do Rio de Janeiro, tendo em vista os elementos ambientais que representam os valores culturais, históricos, arquitetônicos e tradicionais para a população. E não poderia ser diferente, afinal, a cidade foi capital da Colônia, do Império e da República.

Como sugestão, os governos municipais bem que poderiam introduzir essa importante matéria nos currículos escolares visando o contato de nossos alunos com esse incrível e interessante contexto, informando, participando, orientando, interagindo, preservando e disseminando a nossa rica memória cultural. Para tanto, seria importante que os governos entendessem que conduzir a mudança, é gerenciar o hiato entre a percepção da realidade vivida e a promessa da nova ordem. Mas é preciso caminhar conforme ensinou o Mestre Paulo Freire: **"É fundamental diminuir a distância entre o que se diz e o que se faz, de tal maneira que num momento a tua fala seja a tua prática".**

XI

CENTROS CULTURAIS NO CENTRO HISTÓRICO

O BELÍSSIMO EDIFÍCIO DO CENTRO CULTURAL DOS CORREIOS está localizado na Rua Visconde de Itaboraí, nº 20, Centro da Cidade, integrando o Corredor Cultural juntamente com a Casa França Brasil e o Centro Cultural do Banco do Brasil.

O imóvel foi inaugurado em 1922. As linhas arquitetônicas da fachada, em estilo eclético (*Mistura de estilos arquitetônicos do passado para a criação de uma nova linha arquitetônica*), caracterizam o prédio do início do século XX, construído para sediar uma escola do Loyd Brasileiro, o que não ocorreu, sendo o prédio utilizado, por mais de 50 anos, para funcionamento de unidades administrativas e operacionais do Correio. Na década de 1980, o imóvel foi desativado para reformas, sendo reaberto em 2 de junho de 1992 para receber a "Exposição Ecológica 92", evento integrante do calendário da Conferência das Nações Unidas sobre Meio Ambiente - RIO 92.

A inauguração oficial do Centro Cultural aconteceu em agosto do ano seguinte com a Exposição Mundial de Filatelia - Brasiliana 93. Desde então, o local vem marcando presença na cidade com apresentação de muitos eventos nas diversas áreas, como teatro, vídeo, música, artes plásticas, cinema e demais atividades, todas voltadas à integração da população carioca mediante formas variadas de expressão artística.

Os centros culturais são sempre muito bem vindos por multiplicarem-se através deles, os espaços e as vozes que refletem as questões culturais e sociais de um povo, além de serem fundamentais na recuperação de centros urbanos. É que, por meio deles, as oportunidades de investimentos surgem amplamente como uma bola de neve, desde que existam regras claras, planejamento e coordenação por parte do poder público, que, por sua vez, deverá respeitar a história da comunidade, disponibilizando as condições necessárias para o desenvolvimento e o caminhar natural das manifestações artísticas, culturais e sócio-econômicas.

Como bem acentuou Cêça Guimaraens e Nara Iwata, no site www.vitruvius.com.br *"A perspectiva de sucesso do movimento de revitalização dos centros denominados históricos ou tradicionais (...) visa o crescimento da economia das cidades por meio da ampliação das "ofertas" ou possibilidades de investimento"* público ou privado. Não é à toa que em determinados locais a instituição da cultura já ocupa, com muito mais competência, o lugar que a Igreja ocupava até bem pouco tempo, observam as autoras do texto. É verdade. Há alguns anos, tínhamos o hábito de frequentar a igreja e participar de várias atividades que lá existiam.

Uma pena que ainda estamos a engatinhar nesse movimento gerador de riquezas sobre todos os aspectos.

Na Itália, conhecemos muitas cidades ou cidadelas consideradas verdadeiras joias medievais exatamente porque foram respeitadas e preservadas e, por isso mesmo, continuam atraindo cada vez mais turistas do mundo inteiro num movimento rico, renovador e permanente para os visitados e para os visitantes. Citamos como exemplos, Pienza e Monterigione localizadas na bela Toscana.

CASA FRANÇA BRASIL

A Casa França Brasil é outro Centro Cultural localizado no Centro histórico da cidade. O edifício, considerado um dos primeiros registros do estilo neoclássico (*Movimento artístico contrário aos excessos decorativos e dramáticos do barroco e do rococó. A pintura neoclássica é uma pintura de forte realismo, no sentido de se preocupar em transmitir uma impressão convincente do mundo físico real*) no país, apresenta sólidas paredes, colunas e claraboias.

Trata-se de um imponente solar projetado por Grandjean de Montigny, o mesmo que projetou o Mercado Municipal anteriormente mencionado. Ele foi integrante da Missão Artística Francesa (1816) e professor da Academia Imperial de Belas-Artes. O empreendimento foi encomendado por D. João VI em 1819 visando à instalação da primeira Praça do Comércio na cidade. A inauguração ocorreu no dia 13 de maio de 1820.

A Casa França Brasil fica ao lado do Centro Cultural dos Correios e do Centro Cultural Banco do Brasil, no chamado corredor cultural no Centro histórico do Rio de Janeiro.

Em 1824, o prédio passou a sede da Alfândega e em 1852 foram feitas as primeiras reformas e remodelações, a cargo do engenheiro brasileiro André Rebouças e do arquiteto português Raphael de Castro. Entre 1956 e 1978, abrigou o 2º Tribunal do Júri.

Em 1983, Darcy Ribeiro, então secretário de Cultura do Estado do Rio de Janeiro, viabilizou um convênio entre os ministérios da Cultura do Brasil e da França, o que possibilitou realizar uma restauração no prédio. As obras foram feitas com o apoio e recursos da Secretaria da Cultura, do Instituto do Patrimônio Histórico e Artístico Nacional, da Fundação Nacional Pró-Memória, do Ministério da Cultura da França, da Fundação Roberto Marinho e da Rhodia.

O novo espaço foi reinaugurado como "Casa França-Brasil" a 29 de março de 1990. Posteriormente, em 1992, foi inaugurada a Sala de Cinema e Vídeo Henri Langlois, que exibe produções fora do circuito comercial. Em 1994, o setor de multimeios foi ampliado com a organização e a informatização da videoteca e da biblioteca. As consultas podem ser feitas em cabines individuais, CD-ROMs e banco de dados eletrônicos. A casa conta ainda com uma loja e um bistrô.

Inegavelmente, investimentos públicos e/ou privados em atividades do setor cultural produzem (não somente) conhecimento e melhor acesso a este, como também estimulam o turismo e o lazer nos espaços reservados aos centros culturais, constituindo-se em importantes fontes geradoras de empregos e de lucros. Por isso, eles são muito importantes no planejamento urbano.

CENTRO CULTURAL BANCO DO BRASIL

Localizado na Rua Primeiro de Março, 66 no Centro da Cidade, o CCBB foi idealizado em 1986, pelo presidente do BB, Dr. Camillo Calazans de Magalhães, sendo inaugurado em 12 de outubro de 1989, em um prédio histórico com linhas neoclássicas.

Em 1906, o edifício foi inaugurado como sede da Associação comercial do Rio de Janeiro. Na década de 1920, passou a pertencer ao Banco do Brasil que o reformou para abertura de sua sede. A partir de 1960, tornou-se a Agência Centro e depois Agência Primeiro de Março. No final da década de 1980, o Banco do Brasil decidiu pela sua preservação ao transformá-lo em um Centro Cultural. O prédio possui uma área construída de 19.243m², sendo que o CCBB ocupa 15.046m² desse total.

No CCBB, a população tem acesso às inúmeras exposições artísticas nacionais e internacionais. Trata-se de um importante veículo de acesso à cultura de forma democrática como deve ser. São comuns filas enormes para essa ou aquela exposição. Na foto abaixo, o público aguardando para ver a exposição "Salvador Dali" que exibiu 150 peças do artista catalão.

Esta exposição que aconteceu em 2014 registrou o maior índice de visitação da instituição em seus 25 anos. Foram 978 mil pessoas que estiveram no Centro Cultural, número este superior à exposição do mesmo artista no Museu Reina Sofia, em Madri, vista por 732 mil pessoas e no Centro Georges Pompidou, em Paris, por 790 mil pessoas, conforme publicou "O Globo", setor Cultura em 24/09/2014.

Antes de "Salvador Dalí", a exposição recorde de público no CCBB do Rio era "Aleijadinho e seu tempo: fé, engenho e arte", em 2006, vista por 969 mil visitantes.

Como se vê, o CCBB-Rio transformou-se em um dos centros culturais mais importantes do País com uma média de 2 milhões e 200 mil visitantes por ano. É o museu/centro cultural mais visitado do Brasil e o 17º no mundo, de acordo com o ranking da publicação inglesa The Art Newspaper (abril/2013).

O edifício possui salas para mostras no primeiro e segundo andares, uma sala de cinema com 110 lugares no térreo, uma sala com 53 lugares para exibição de vídeos no mezzanino, três salas para espetáculos teatrais (um no térreo, com 175 lugares e dois no segundo andar, um com 158 lugares e outro sem lugares fixos, para espetáculos alternativos). Há ainda um auditório com 90 lugares no quarto andar e uma biblioteca no quinto andar.

O CCBB, portanto, é um patrimônio histórico porque disponibiliza à população o conhecimento de várias gerações, através da arquitetura, vestes, acessórios, mobílias, utensílios, armas, ferramentas, meios de transportes, obras de arte, documentos etc. É também um patrimônio cultural porque valoriza os bens materiais ou imateriais, contando a história de povos, através de seus costumes, comidas típicas, religiões, lendas, cantos, danças, linguagem, superstições, rituais, festas etc.

Confucio já dizia que "*A cultura está acima da diferença da condição social*". Na verdade, trata-se do bem maior de um povo e que, por isso mesmo, deveria ser mais respeitado.

O CCBB, em síntese, é tão importante para a cidade do Rio de Janeiro, nos dias de hoje, que é comum ouvir das pessoas: **"Hoje eu vou ao Centro Cultural Banco do Brasil pra ver o que tem lá"**. É isso mesmo. Sempre tem alguma coisa ou várias coisas. Aliás, um simples passeio pelo prédio já é um programa diferente e interessante. Imaginemos outros entretenimentos culturais como esse, espalhados pela cidade!

Foto do interior do CCBB

O Centro Cultural Banco do Brasil, a Casa França Brasil, o Centro Cultural dos Correios, entre outros, são organismos disseminadores de informações. E mais, podem-se comprar livros, participar de debates, almoçar e até jantar. Pode-se também marcar com amigos e entrar num dos cinemas ou ver uma peça de teatro ou apreciar uma exposição. Enfim, são locais que servem para apreciar, vivenciar, reinterpretar os bens culturais acessíveis e estimular a criatividade num contexto dinâmico e contínuo. Um belo programa!

Há que se refletir que a memória cultural à primeira vista parece apenas uma lembrança do que aconteceu e ficou parada no tempo. Mas não é bem assim. Ela faz parte da linha de desenvolvimento de um povo. Ao contrário de estática, a memória cultural é dinâmica porque, ao ser evocada no presente, remete ao passado, mas sempre visando o futuro.

Na conferência, Memórias Comunicativa e Cultural, realizada no Instituto de Estudos Avançados da Universidade de São Paulo, os pesquisadores alemães Jan Assmann e Aleida Assmann, ambos professores da Universidade de Konstanz, Alemanha, abordaram esse caráter dinâmico da memória.

Primeiramente, Jan fez uma distinção entre dois tipos de memória: a **comunicativa** que se faz pela oralidade e restringe-se ao passado recente, ou seja, de 80 a 110 anos, não exigindo qualquer especialização, em razão do seu caráter informal; e a **cultural**, que é constituída por heranças simbólicas, materializadas em textos, ritos, monumentos, celebrações, objetos, escrituras sagradas, entre outros, e que funcionam como gatilhos para acionar significados, ligados ao que já passou. Ela cristaliza experiências coletivas do passado e pode perdurar por milênios. Segundo o cientista, a memória cultural nos permite construir uma imagem do passado e, através desse processo, desenvolver a nossa própria identidade. Jan Assmann ressaltou que a memória cultural, por funcionar como uma força coletiva unificadora, é considerada também um perigo pelos regimes totalitários. Como exemplo, mencionou o caso da Guerra da Bósnia, quando a artilharia sérvia destruiu a Biblioteca de Saravejo na tentativa de minar a memória dos bósnios e de minorias da região. O objetivo, afirmou o estudioso, era fazer daquela cultura uma tábua rasa, começando novamente do zero e com uma nova identidade sérvia: *"Essa foi a estratégia do regime totalitário para destruir o passado, porque se a gente controla o presente, a gente controla o passado, e se a gente controla o passado, a gente controla o futuro"*.

A cientista Aleida, por sua vez, advertiu que não se trata de mera nostalgia ou de rejeição dos tempos modernos, uma vez que a memória cultural está sempre direcionada ao futuro. Trata-se, pois, de um artifício para proteger o passado contra a ação corrosiva do tempo e para dar subsídios para que os indivíduos não tenham que inventar a roda e começar do zero a cada geração. (Origem: Memória Cultural) O vínculo entre passado, presente e futuro, por Flávia Dourado, publicado 23/05/2013–última modificação 6/01/2015.

Há que se pensar a memória, portanto, não como história, na sua concepção tradicional, isto é, em ato ou fato definitivo e cronológico, mas sim, num processo contínuo e articulado, no qual diferentes memórias de diferentes grupos se entrelaçaram e continuam a se entrelaçar na linha dinâmica do tempo.

XII

O DOMÍNIO DA IGREJA CATÓLICA

As Igrejas católicas foram se encastelando em belíssimos prédios, porém, sob a falsa proteção de muros dogmáticos, afastando-se sistematicamente da gente comum, pregando o contrário do razoável mediante formas quase inertes, sem nenhuma inovação substancial do ponto de vista religioso mesmo. O surgimento de novas seitas e novas religiões foi inevitável diante da mesmice da formalidade católica, quase insuportável para muitos como é o meu caso.

Nesse sentido, sempre tive muito prazer em entrar nos templos pela fantástica arquitetura, ornamentações belíssimas e concentrar-me diante do Divino, buscando, pois, uma sintonia com os enigmas metafísicos reais e necessários à nossa condição humana. Tais visitas nos últimos anos, diga-se de passagem, quase todas foram feitas fora dos horários das missas, por demais cansativas, por assim dizer. Este é um depoimento pessoal, mas acredito ser também de muitas outras pessoas.

Outro ponto, que vale ressaltar, é que a Igreja Católica passou em várias ocasiões da História por situações muito difíceis e comprometedoras, como foi enfrentar o movimento reformista no início da idade moderna e, mesmo assim, até hoje, ressalvando as exceções ou parte da Igreja, em uma análise observadora e distante da influência puramente católica, considero que velhas práticas, não exatamente as mesmas, mas com roupagens um tanto quanto alteradas para lá ou para cá, continuam predominantes como se a Igreja fosse a única representante do Deus todo poderoso entre nós, assumindo, portanto, a arcaica arrogância dos desavisados. Esta situação a que me refiro me leva à necessidade de pensar sobre os significados de religião e espiritualidade, ainda que de forma simples, mas, que podem ajudar a separar melhor o joio do trigo.

Antes porém, expresso aqui o dizer de Dalai Lama: *"Meu apelo por uma revolução espiritual não é um apelo por uma revolução religiosa"*.

O fundamento da religião está no ritual, no cerimonial e no visível. Além disso, existe o caráter estrutural, físico, motivacional, hierárquico e, também, o caráter do-minador, controlador e político, características estas que nem sempre estão em harmonia com a espiritualidade que inspirou ou deveria inspirar as práticas religiosas como um todo. A relação, no entanto, entre religião e espiritualidade é indiscutível. O Frei Isidoro Mazzarolo, autor de "Jesus e a Física Quântica", diz que "Nenhuma religião é verdadeira sem uma verdadeira espiritualidade". Dessa forma, ele enfatiza que determinada religião pode existir por questões de conveniências ou de aparência social cujo objetivo não é a espiritualidade e, sim, a prosperidade econômica, o lucro e o sucesso. Aqui, a ética a justiça e a dignidade, passam longe. Por outro lado, o ato da fé que é fruto da espiritualidade, pode perfeitamente ser exercido em uma religião, mas é preciso, segundo entendimento religioso, que esteja alicerçada na transcendência.

Religião, portanto, é diferente de espiritualidade, que é fonte da religiosidade e, por isso, não se deve colocar as duas em um mesmo saco como se fossem sinônimas. No estágio da espiritualidade, o indivíduo age normalmente e com a consciência de que deve a todo instante ser um praticante das virtudes inerentes à sua fé religiosa e, por isso mesmo, baseada no amor, na ética e na justiça. Em outras palavras, a espiritualidade torna a vida vigorosa e transformadora, enquanto que a religião tanto pode ser transformadora como alienadora. No livro "Jesus e a Física Quântica", o autor esclarece que a espiritualidade desabrocha no amor e a religião tanto pode conter o amor como também o ódio.

O religioso, portanto, não pode ser aquele que simplesmente faz parte de uma religião mas, sim, o que pratica os valores da espiritualidade que serviram de inspiração para a formação de determinada seita, Igreja etc.

Esse entendimento, por si só, seria fundamental para ao menos minorar as disputas e guerras religiosas que sempre foram constantes na história da humanidade.

Observe que, no espaço físico da religião, muitas vezes se defende uma ideologia ou um dogma ou dogmas ultrapassados, conservadores, inflexíveis e intolerantes, enquanto que a religiosidade verdadeira baseia-se em princípios espirituais e fundamentais à própria convivência social. A religiosidade agrega, respeita sem instigar o outro só porque faz parte de outra religião. A instituição religião, ao contrário, pode ofender, discriminar, ser intolerante e até fazer a guerra.

É importante ressaltar que qualquer indivíduo pode manifestar sua fé, oração e contemplação em qualquer lugar do universo. O espaço físico fixa e limita os atos de culto e a manifestação da religiosidade, mas não prende os limites da verdadeira espiritualidade.

Voltando ao nosso foco principal neste capítulo do livro, a Igreja católica, querendo ou não, sempre esteve na linha de frente e de mãos dadas com o poder dominador desde os primórdios da dominação portuguesa. Por isso, mais algumas considerações são necessárias para continuarmos inseridos neste nosso processo histórico.

É claro que determinadas atitudes e participações pontuais de alguns membros da Igreja eram contrárias ao sistema e, desta forma, muitos desses, foram perseguidos e até exterminados por contrariarem os interesses envolvidos. Entretanto, não é novidade que a Igreja Católica sempre integrou o sistema português de dominação e exploração de sua colônia além-mar, destacando, como exemplo, as escandalosas práticas de querer transformar os índios em bons cristãos como mencionado em capítulo próprio.

Nesse caso específico, assim como em muitos outros, os padres, jesuítas ou representantes do catolicismo, que assim agiram, não foram religiosos no melhor sentido da palavra.

A Igreja durante todo período colonial e imperial formou, juntamente com o poder político dominador, as bases da ordem e da moral, ditando conceitos, delimitando o profano e o sagrado, determinando o certo e o errado, o que pode e o que não pode, de acordo com as próprias conveniências. Prevaleceu, portanto, em nossa história, a união entre Igreja e Estado e, obviamente, o caráter oficial e nacional do catolicismo, estabelecido inclusive na nossa primeira Carta Constitucional de 1824.

Com tal domínio político-religioso, **como ficaram as manifestações populares dos inúmeros grupos que aqui chegaram e que criaram a base do que denominamos hoje de "Alma Carioca"?**

Evidentemente, nem tudo aconteceu como pretendia a ortodoxia religiosa. Até porque as festas exprimiam, e exprimem, a cultura, a tradição e os

123

diversos tipos de rituais que aproximavam os homens mediante suas crenças, danças, estilos musicais e costumes de um modo geral. Para acabar com isso, com essas raízes e com essa memória, era preciso acabar com toda a gente. E isso não era possível. Mas, não há dúvida que tudo foi feito para inibir, controlar, manipular e proibir as perigosas e preocupantes festas populares, sob o argumento que tinham o caráter profano, imoral e demolidor da família religiosa católica e romana. As festas, aliás a maioria delas são de influência católica, como por exemplo: as concorridas festas juninas que homenageiam São Pedro, Santo Antonio e São João; a Folia de Reis, que acontece entre o Natal e 06 de janeiro, para relembrar a viagem à Belém dos três Reis-Magos para dar boas vindas ao Menino Jesus; a Carvalhada, típica de Alagoas cuja origem está lá na Idade Média quando os cristãos e os mouros se enfrentavam; o Boi--Bumbá que existe desde o final do século XVIII por influência dos próprios portugueses; os ritos e cantos africanos como o batuque e o samba; os ritos e a sabedoria indígena e tantas outras pelo país a fora, exprimindo a nossa riquíssima diversidade cultural.

No Rio de Janeiro, como nos informa Martha Abreu em seu "O Império do Divino", fls. 38 e 39, várias irmandades no século XIX prestaram homenagens ao Divino Espírito Santo na festa de Petencostes do calendário católico. Informa a autora que as maiores celebrações realizavam-se em cinco locais da cidade: no largo da Lapa, a mais rica; no Campo de Santana, a mais popular; nas proximidades da Igreja Matriz de Santo Antonio; no largo de Santa Rita, e no largo do Estácio. Todos, ou quase todos, de alguma forma participavam da Festa do Divino. Milhares de pessoas de todas as origens divertiam-se juntas como acontece atualmente no samba e no carnaval. Além disso, destaca a historiadora Mary Karasch, a bandeira do Divino era considerada um "poderoso amuleto" para os negros e escravos.

Por que as festas de origem religiosa incomodavam tanto a Igreja Católica?

Pelo simples fato dessas festas serem populares e não passarem pelo crivo moral da Igreja e do Estado. Sem este crivo, tudo ou quase tudo era considerado profano.

Nas ruas, o povo reverenciava a pomba que representava o Espírito Santo e ainda, homenageava Santo Antonio, São João e Santana. Ao mesmo tempo, e no decorrer das festas, estas se desdobravam em muitas outras, fazendo valer as múltiplas raízes culturais com suas crenças, danças, músicas, rituais e costumes, tudo sob a proteção do Divino, por assim dizer. As manifestações brotavam quase que naturalmente com inúmeros ritmos, com as atrevidas umbigadas, os requebros negros, as peças sob a criação do mundo, as saudações ao imperador profano, a dinâmica do "lundus", a sensualidade e a abundância dos movimentos libertos. Por outro lado, as festas causavam preocupação à ordem governamental e eclesiástica da época. Os padrões estéticos, tidos como civilizados estavam sendo desafiados em plena praça pública e diante dos "poderes constituídos".

É claro que a reação do poder dominante veio através de um conjunto de medidas, no sentido de proibir as festas negras, a ponto de querer impedir o velho e precioso batuque, além de impedir os ajuntamentos de mais de quatro escravos em tabernas ou locais públicos, sendo ainda divulgado que essas medidas eram necessárias porque, por volta de 1830, estava em curso um movimento chamado "Insurreição dos negros" do Rio de Janeiro e Minas Gerais. Naquela ocasião, pasmem, o simples ato de dançar tornou-se perigoso para quem o fazia e, assim, apesar da luta das irmandades envolvidas pró "Festas do Divino", estas, enfraqueceram-se, cedendo lugar a outras como o famoso Carnaval, que se multiplicou por todas as partes, substituindo no Rio de Janeiro a grande Festa do Divino. O Estado novamente, interveio, delimitando o período da festa, porém com roupagens novas, mais modernas e complacentes. Mas em alguns locais do país, aos poucos, o calendário do carnaval vai sendo alterado porque, afinal, três dias somente não são suficientes.

Ainda no contexto do século XIX, não se pode absolver a Igreja Romana da participação efetiva contra os movimentos populares-religiosos. Em 03 de março de 1886, o jornal "Apóstolo" publicou um inflamado editorial defendendo a religião católica como essencial para o florescimento da pátria. Martha Abreu, em "O Império do Divino", registra que o editorial em síntese combatia: a moderna civilização, a irreligio-sidade, as teorias revolucionárias, as ideologias materialistas estrangeiras, o indiferen-tismo, o liberalismo, o positivismo, o racionalismo, o cientificismo, o socialismo, a maçonaria, o protestantismo e até o casamento civil. Em outras palavras, a Igreja não era tão-somente ultraconservadora mas, obtusa diante dos novos tempos.

Atualmente, no entanto, vale ressaltar que a Igreja através do Papa Francisco, tem se manifestado levando em conta a diversidade existente, quer religiosa, política, social e ambiental. Não sei, sinceramente, se isso só acontece no plano teórico, mas até muito pouco tempo atrás determinadas questões não eram nem mesmo mencionadas, tamanho o conservadorismo e o dogmatismo reinantes. Aliás, este posicionamento fez com que milhões e milhões de pessoas se afastassem da Igreja Católica e procurassem outras religiões como em outros tempos. Não estou aqui defendendo uma possível redenção da Igreja Católica até porque este é um processo conflituoso, repleto de interesses e armadilhas sabe Deus quais. Mas, a meu ver, pode estar em curso uma mudança lenta, porém gradual e sistemática, sob a liderança de Francisco. O que vai acontecer não sabemos, mas o Papa tem a exata noção do mundo em que vive e que as mudanças eram e são necessárias, sob pena da Igreja Católica continuar seguindo encastelada e em direção oposta aos homens de boa vontade.

Por exemplo: O Papa admitiu a corrupção na Cúria Romana; Admitiu a existência de representantes católicos pedófilos; Falou em união gay e que esta deve ser acolhida pela Igreja porque todos são filhos de Deus. Isso sempre foi e continua sendo um tabu recheado de pré-conceitos, e, mesmo assim, eu ouvi o Papa falando a respeito. Será que a Igreja passou a se interessar de verdade pela universalidade ecumênica? Tenho visto algumas visitas do Papa nesse sentido. Será que a cúpula da Igreja finalmente entendeu que a busca do diverso é essencial porque esta é a parte substantiva do contexto? Não chantagear falando em milagres, mas em novas possibilidades está virando também uma marca desse Papa. Esses são temas novos e inovadores que a Igreja abandonou por muitos e muitos anos. O Estado do Vaticano, portanto, estaria trilhando novos caminhos? Tomara que sim.

No final de setembro de 2015, no entanto, fiquei sem entender a visita que o Papa fez a uma funcionária municipal do Estado norte-americano de Kentucky, Kim Davis, que havia sido presa após se recusar a emitir uma licença matrimonial para um casal gay, contrariando inclusive a Suprema Corte dos EUA, que legalizou casamentos de pessoas do mesmo sexo. O Papa declarou que funcionários públicos têm direito a esse ato se este violar a sua consciência. Com todo respeito, penso que Jorge Mario Bergoglio nessa, pisou na bola! Mesmo assim, vantagem para o conjunto da obra. Aguardemos!

XIII

CANDELÁRIA E AV. PRESIDENTE VARGAS

NDEPENDENTE DAS OBSERVAÇÕES FEITAS NO CAPÍTULO ANTERIOR, no qual ficou muito claro o distanciamento da Igreja Católica das camadas mais populares e menos favorecidas e também de sua ação conjunta com o Estado no combate às festas culturais e religiosas, estigmatizando-as como profanas e, portanto, contrárias à moral cristã, não podemos, por uma questão de criticidade, deixar de tecer observações referentes à Igreja da Calendária, um dos templos do catolicismo mais importantes do Rio de Janeiro, que remonta ao século XVII.

A história dessa Igreja é interessante porque proveniente de uma promessa feita por Antonio Martins da Palma e sua esposa Leonor Gonçalves, em um momento em que o casal enfrentou uma forte tempestade, por ocasião da viagem que faziam ao Rio de Janeiro, ainda na primeira metade do século XVII. Como o casal era devoto de Nossa Senhora da Candelária, prometeu à Santa que ergueriam uma Igreja em seu louvor, caso chegassem sãos e salvos ao seu destino. Felizmente o casal chegou a salvo no destino e aqui cumpriram a promessa, construindo com dinheiro próprio a pequena ermida à Santa protetora, inaugurada em 18 de agosto de 1634.

Fonte: mapadecultura.rj.gov.br

Em 1775, a pequena Igreja se encontrava em mau estado e a Irmandade do Santíssimo Sacramento decidiu erguer um novo templo que seria finalizado apenas em 10 de julho de 1898. Nessa época, final do século XIX, a Festa do Divino do Campo de Santana, próximo à Igreja, já estava bem enfraquecida como vimos anterior-mente. A inauguração da nova Igreja só ocorreu em 1811 e sem estar concluída.

O projeto foi concebido em estilo Barroco, que continua preservado nas fachadas até os dias de hoje. Quanto às naves, estas foram executadas no século XIX em estilo Clássico. Além do mais, acréscimos foram feitos com o passar do tempo, adotando-se o formato de cruz latina, revestimento interior em mármore, fachada em cantaria e portas trabalhadas em bronze pelo escultor português Antonio Teixeira Lopes, em 1901. A fachada vertical é herança da arquitetura gótica, que, segundo pesquisas, foi a evolução da arquitetura românica e que precedeu a arquitetura renascentista.

O estilo gótico ficou marcado em muitas catedrais europeias, entre elas a de Notre-Dame, Chartres, Colônia e Amiens, a maioria classificada como Patrimônio Mundial da UNESCO, todas construídas no século XII. Ao mesmo tempo, a Igreja apresenta traços neoclássicos nos adornos e no frontão triangular ornamentado.

D. Pedro II esteve em visita às obras da Igreja da Candelária no ano de 1878, época do início da decoração interna.

Fonte: mapadecultura.rj.gov.br

O principal artista escolhido para a decoração foi João Zeferino da Costa, que a revestiu de mármores coloridos, com influência italiana, trabalhando com diversos auxiliares brasileiros.

Nas duas torres foram instalados relógios, sendo que um indica as horas e o outro os dias do mês, da semana e também as fases da lua. No teto da nave há seis painéis de Zeferino da Costa que contam a história da igreja considerada uma das mais belas do Rio. O mesmo artista é responsável pelos painéis que adornam a parte de cima da cúpula da Igreja, representando a Virgem Maria e as Sete Virtudes, (...) personagens do antigo Testamento.

JANELA COMPLEMENTAR

A Candelária abriga também um museu sacro, um arquivo com documentos datados dos séculos XVIII e XIX e uma biblioteca, inaugurada em 2001.

Na imagem abaixo, a parte de trás da Igreja com destaque para a nave central, mais baixa que as torres frontais.

Na época da construção da Av. Presidente Vargas, cogitou-se sobre a demolição da Igreja da Candelária, mas, felizmente, isto não ocorreu porque decidiu-se que esse importante templo religioso católico, permaneceria dentro da própria Avenida. Foram demolidas mais de 500 construções, dentre elas: as Igrejas de São Pedro dos Clérigos, São Domingos, Bom Jesus do Calvário e Nossa Senhora da Conceição, além do Largo do Capim, do Paço Municipal, uma fatia da Praça da República e quase toda Praça Onze de Junho, centro do samba e local dos desfiles carnavalescos já no século XX. Até o ateliê de Mestre Valentim, que ficava na Rua São Pedro, foi demolido. A inauguração da Avenida foi no dia 07 de setembro de 1944, ainda durante a 2ª Guerra Mundial.

Fonte: GuarAntiga – Av. Presidente Vargas em 1942

Próximo à atual Cidade Nova existia um pântano que já se objetivava desde os tempos de D. João VI, secá-lo através da construção de uma canal navegável, ligando o mar ao Rocio Pequeno, atual Praça Onze de Junho, nome este trocado para homenagear a vitória da esquadra do Almirante Barroso na Batalha do Riachuelo, na sangrenta Guerra do Paraguai. A Praça Onze sempre foi um rocio da cidade, isto é, um campo de serventia pública perto da zona pantanosa de S. Diogo. Além disso, era na Praça que o carnaval tinha a sua melhor vibração popular até a construção da Av. Presidente Vargas. E por falar em carnaval, quando a Praça Onze perdeu a sua velha e pitoresca aparência para a grandiosa e nova via que surgia, Herivelto Martins comovidamente chorou-a num samba que se chamava "Praça Onze", cujos versos são os seguintes:

> *Vão acabar com a Praça Onze*
> *Não vai haver mais Escola de Samba, não vai*
> *Chora o tamborim*
> *Chora o morro inteiro*
> *Favela, Salgueiro*
> *Mangueira, Estação Primeira*
> *Guardai os vossos pandeiros, guardai*
> *Porque a Escola de Samba não sai*
> *Adeus, minha Praça Onze, adeus*
> *Já sabemos que vais desaparecer*
> *Leva contigo a nossa recordação*
> *Mas ficarás eternamente em nosso coração*
> *E algum dia nova praça nós teremos*
> *E o teu passado cantaremos*

Herivelto Martins cantava o canto popular, o canto do samba, do batuque, o canto da poesia, o fino do canto. Foi autor de muitas músicas, porém vamos ressaltar apenas mais uma porque é das mais conhecidas do grande público até hoje. "Ave Maria no Morro".

Barracão de zinco
Sem telhado, sem pintura
Lá no morro
Barracão é bangalô

Lá não existe
Felicidade de arranha-céu
Pois quem mora lá no morro
Já vive pertinho do céu

Tem alvorada, tem passarada
Alvorecer
Sinfonia de pardais
Anunciando o anoitecer

E o morro inteiro no fim do dia
Reza uma prece ave Maria
E o morro inteiro no fim do dia
Reza uma prece ave Maria

Ave Maria
Ave
E quando o morro escurece
Elevo a Deus uma prece
Ave Maria

Enfim, apesar das intervenções radicais e dos incontáveis traumas com as perdas importantes do Rio antigo, é inegável, por outro lado, que a Av. Presidente Vargas tornou-se uma das mais importantes vias da cidade, além de tornar-se um espaço público significativo na formação histórica do país através de inúmeras manifestações políticas que se fazem presentes até os dias atuais.

CHACINA DA CANDELÁRIA

Na madrugada do dia 23 de julho de 1993, por volta de meia-noite, vários carros pararam em frente à Igreja. Logo após, policiais abriram fogo contra mais de setenta crianças e adolescentes que estavam dormindo nas proximidades da Igreja.

Como resultado da chacina, seis menores e dois maiores morreram e várias crianças e adolescentes ficaram feridas. Um dos sobreviventes, Sandro Barbosa do Nascimento, mais tarde voltou aos noticiários ao se tornar o responsável pelo sequestro do ônibus 174.

É importante observar que, se o sistema não funciona, é inevitável a abertura de espaço para a chamada "justiça com as próprias mãos". Depois da chacina da Candelária, muitas outras aconteceram e continuam a acontecer e, nem por isso, as reformas estruturais necessárias foram iniciadas. Nesse contexto, a lei perde o valor e o tão badalado Estado Democrático de Direito, previsto logo no primeiro artigo da Constituição de 1988, fica comprometido. A violência também tem a ver com o sistema político predominante, no qual, muitos agentes públicos atuam por benefícios próprios em detrimento da sociedade.

Stanislaw Ponte Preta dizia que: **"A prosperidade de alguns homens públicos no Brasil é uma prova evidente de que eles vêm lutando pelo progresso do nosso subdesenvolvimento."**

A tragédia da Candelária correu o mundo tamanha a crueldade e covardia dos assassinos e a total inoperância do sistema político brasileiro, a começar pelo sistema educacional considerado pelos analistas internacionais como muito ruim. Segundo publicação da BBC no dia 08 de maio de 2014, o Brasil se distanciou da média mundial em ranking da educação. Numa relação de 40 países, o Brasil apareceu na 38ª posição, na frente tão-somente do México e da Indonésia.

Em julho de 2013, a execução coletiva na Candelária completou 20 anos.

Quando os governos não fazem o que precisa ser feito, quando não existem programas com metas substanciais, quando não existe, portanto, a figura do estadista, o que sobra é a política miúda, populista, assistencialista e de barganha de cargos e verbas, complicando sobremaneira os mais variados segmentos sociais com os quais temos que conviver.

Em homenagem, no entanto, ao otimismo, fica o entendimento já bastante conhecido de Abrahan Lincoln de que **"Pode-se enganar a muitos por algum tempo; pode-se mesmo enganar alguns por muito tempo; mas não se pode enganar a todos o tempo todo".**

XIV

RUA PRIMEIRO DE MARÇO

ATÉ AQUI, CONVERSAMOS SOBRE ALGUNS LOCAIS, PERSONAgens, religiões, festas e questões inerentes, sempre procurando apresentar algum fundamento histórico, não se limitando, pois, aos espaços físicos tão-somente. Aliás, sempre os aproveitamos para expor e enveredar por caminhos nem sempre conhecidos do leitor interessado. A ideia, portanto, não é o fato isolado em si, mas, os motivos pelos quais os mesmos foram praticados no contexto da situação, ainda que não se esgotem os diversos lados de uma mesma questão.

1. *Visitamos o local por onde chegou D. João VI ao Rio de Janeiro;*

2. *Praça XV e arredores;*

3. *Implosão da primeira parte do Elevado da Perimetral;*

4. *Praça XV e Paço Imperial*

5. *D. João VI, D. Pedro I e Independência do Brasil;*

6. *Arco do Teles, Travessa do Mercado, Rua do Ouvidor, Rua Buenos Aires, Rosário, entre outras;*

7. *Igreja Nossa Senhora da Lapa dos Mercadores;*

8. *Rua do Mercado como uma das mais importantes no século XIX;*

9. *Centro Cultural dos Correios, Casa França Brasil, Centro Cultural Banco do Brasil e, por último;*

10. As festas com destaque as do Divino no Rio de Janeiro;

11. A influência e o poder da religião católica;

12. Igreja e chacina da Candelária.

Agora, vamos retornar à Praça XV, seguindo pela Rua Primeiro de Março, visitando outros locais e apresentando outras questões.

A antiga Rua Direita foi a mais antiga do Rio de Janeiro e também a mais importante da cidade nos séculos XVIII e XIX.

Em 1875, passou a se chamar 1º de Março em homenagem à vitória aliada na Batalha de Aquidabã, que pôs fim à Guerra do Paraguai. Coincidentemente, essa também é a data da fundação da cidade do Rio de Janeiro.

As ruas nos velhos tempos surgiam de acordo com as necessidades da localidade que se desenvolvia lentamente, sem qualquer calçamento e nem sempre em linha reta. Algumas inclusive levaram mais de século para chegarem onde chegaram. A atual Primeiro de Março, antiga Rua Direita, delineou-se como um prolongamento da Rua da Misericórdia, que ligava o Morro do Castelo ao Morro de São Bento, onde haviam se instalado os frades beneditinos, ainda no século XVI.

No início do século XVII, a rua era apenas uma trilha precária, mas era por onde passavam os mercadores de escravos. Por volta de 1800, o número de negociantes não passava de 87. Em 1817 já havia subido para 278 comerciantes entre portugueses e brasileiros, 105 ingleses e 8 franceses, tornando-se, o local cada vez mais movimentado.

Na Rua, se instalaram os primeiros governadores em uma casa que ficava na esquina com a Rua da Alfândega. Mais tarde os governadores passaram a instalar-se na casa que antes era a Casa dos Contos e, depois, passou a ser o Paço dos Vice-Reis e o Paço Real com a chegada da Corte portuguesa ao Rio de Janeiro, em 1808.

Em 1847 o tráfego de carruagens e carroças passou a obedecer a um sistema de mão e contramão. Pela Rua São Pedro, chegava a carruagem do Imperador, vinda da Quinta da Boa-Vista em direção ao Paço Imperial.

As histórias, assim como as ruas, as praças e os prédios, foram acontecendo de uma forma ou de outra, muitas delas conhecidas porque registradas principalmente nos livros didáticos. Outras, nem tanto. Aqui, elegemos mais um fato cujo foco principal é a forma pela qual questões morais eram tratadas por nossos antepassados e que retratam, de alguma maneira, procedimentos ainda hoje recorrentes com maior ou menor intensidade. Trata-se do ocorrido em meados do século XIX com uma das moradoras mais belas e filha do probo comerciante João Vieira. É que ela foi surpreendia pelo seu pai em traimento ao marido, com o qual se casara por obrigação e, por isso, o detestava. No momento do ato, o pai disse-lhe: *"Manchaste o nome de nossa família ... Um de nós dois precisa agora desaparecer. Aqui está esta arma: ou me matas ou mata-te"*. A bela mulher que se chamava Antonia matou-se ali e naquele mesmo instante. Mais tarde, o pai por sua vez morreu de tristeza e remorsos. Fica tão somente o registro como ponto de partida para os entendimentos provenientes.

A Rua Direita foi a principal no século XVIII e XIX no Rio de Janeiro e onde a vida sob todos os aspectos ia se tornando efervescente. Por ocasião da procla-mação da República, Max Leclerc, em suas *"Lettres du Brésil"*, dizia que ao percorrer a Rua, tinha a impressão de estar em algum lugar de Londres sob os céus do Egito.

No período oitocentista, era no quarteirão entre o Largo do Paço e a Igreja da Cruz a concentração do número de boticas e confeitarias e, também, onde estacionavam os tílburis, os precursores dos nossos táxis atuais.

Gustavo Giovanni Dall'Ara, pintor e desenhista italiano que imigrou para o Brasil em 1890, reproduziu de forma sublime a imagem de um dos últimos tílburis no início do século XX. O artista morreu em 1937.

Fonte: www.museudantu.org.br

O cavalo, cabisbaixo, parece pressentir o fim próximo de sua função. Com a introdução dos automóveis, o número de tílburis foi diminuindo de tal forma que em 1916 havia aproximadamente trinta e oito veículos desse tipo nas ruas e em 1917 somente vinte.

No dia 14 ou 15 de março de 1870, chegou a notícia de que a guerra contra o Paraguai havia terminado no dia 1º. Assim, a Rua Direita passou a se chamar Primeiro de Março, não se sabendo até hoje de quem foi a ideia.

Na década de 1930, a Primeiro de Março foi cortada para a construção da nova Presidente Vargas, tendo sido, para tal, demolidos muitos prédios. Outro ponto curioso foi a alteração necessária da localização dos prédios. No final do século XIX, ainda prevalecia o velho hábito colonial de designar as casas pelo nome de seus proprietários e moradores. Os novos tempos, no entanto, exigiram nova indicação, instituindo-se, pois, a numeração com números verdes com fundo amarelo e vice-versa.

Na Rua Primeiro de Março, em direção à Praça XV, vários locais chamam a atenção:

1. *Instituto Brasileiro de Audio Visual – Escola de Cinema Darcy Ribeiro*
2. *O prédio do Tribunal Regional Eleitoral – TRE.*
3. *Igreja de Santa Cruz dos Militares.*
4. *Casarios do século XIX*
5. *Igreja da Ordem Terceira do Carmo*
6. *Convento do Carmo*

ESCOLA DE CINEMA DARCY RIBEIRO

A Escola de Cinema Darcy Ribeiro é um centro de formação profissional continuada, dinâmica e interativa, voltada para a pesquisa, experimentação e produção audiovisual.

Foto do prédio onde funciona a escola.

Este prédio de 1914 está situado na esquina da Rua Primeiro de Março com Rua da Alfândega. Inicialmente, abrigava o Banco Germânico da América do Sul. Em 1943, durante a Segunda Guerra Mundial, o patrimônio do banco foi incorporado à União, passando a funcionar no local uma agência dos Correios até 2001. Naquele ano, a ECT cedeu o imóvel ao Instituto Brasileiro de Audio Visual – IBAV que, após uma reforma comandada pelo arquiteto Paulo Mendes da Rocha, instalou ali a Escola de Cinema Darcy Ribeiro.

Cursos regulares:

A escola oferece cursos regulares, todos com duração de um ano e meio e abertos para qualquer pessoa com ensino médio completo:

- *Direção Cinematográfica;*
- *Roteiro Cinematográfico;*
- *Montagem e Edição;*
- *Produção audiovisual.*

Conforme informação da Escola, em "dez anos formaram-se mais de 9.000 profissionais de todo o Brasil e de outros 19 países. Os interessados sempre fazem parte de um grupo heterogêneo, oriundo de segmentos sociais, faixas etárias e segmentos culturais diversos, incluindo alunos de origem quilombola e indígena".

QUEM FOI DARCY RIBEIRO?

Foi um mestre que fez escola. E como fez! Ele ensinou na prática que pior do que morrer era deixar de viver. Como viveu! Intensamente viveu. Eu lembro quando ele fugiu do Hospital já com o câncer em estágio avançado, dizendo que morreria se continuasse naquele lugar. Mais uma de suas incontáveis vivências. E continuou vivendo e ensinando a viver até quando do foi possível.

Ele nasceu em Montes Claros em 26 de outubro de 1922. Em 1946, formou-se em antropologia pela Escola de Sociologia e Política de São Paulo, dedicando-se logo nos primeiros anos de vida profissional ao estudo dos índios do Pantanal, do Brasil Central e da Amazônia (1946-1956).

Foi um dos responsáveis pela criação da Universidade de Brasília no início da década de 1960, ficando também na história dessa instituição por ter sido o seu primeiro reitor. Redigiu o projeto do Parque Indígena do Xingu, criado em 1961. Também foi o idealizador da Universidade Estadual do Norte Fluminense.

Foi ministro da Educação do Governo do presidente Jânio Quadros (1961) e chefe da Casa Civil do Governo do presidente João Goulart. Nessa época, coordenava a implantação das reformas estruturais no Brasil quando sucedeu o golpe militar de 1964 que o lançou ao exílio. Viveu em vários países da América Latina conduzindo programas de reforma universitária. Foi assessor do presidente Salvador Alliende no Chile e de Velasco Alvorado no Peru. Neste período, escreveu os cinco volumes de Antropologia da Civilização.

Em 1976, finalmente retornou ao Brasil. Nessa época, eu era muito menino, mas, fiz questão de comparecer ao Museu de Arte Moderna (MAM), numa noite, não lembro exatamente qual, para ver e ouvir o grande Darcy Ribeiro. O auditório estava lotado. Ele, como sempre, fazia a diferença com a sua habitual rapidez de raciocínio. Dentre outras coisas, disse que estava muito feliz de voltar e trabalhar pelo Brasil, destacando sempre a importância da educação no processo de libertação e desenvolvimento de qualquer país. Sinceramente, nem tudo que ele falava eu conseguia acompanhar. Mas foi dessa forma, lá nos idos de 1976 que conheci um pouco mais de perto o Professor Darcy Ribeiro.

Darcy foi vice-governador no primeiro governo de Leonel Brizola no Rio de Janeiro (1983-1987) e, como tal, criou, planejou e dirigiu a implantação dos Centros Integrados de Ensino Público (CIEP). Era um projeto pedagógico, visionário e até revolucionário à época, cuja assistência às crianças, seria em tempo integral, incluindo atividades recreativas e culturais para além do ensino formal. Por ocasião da construção do sambódromo, ele e Oscar Niemeyer inventaram mais 200 salas de aula na vitrine do carnaval carioca. Ele dizia que **"Ou construímos escolas ou no futuro teremos um exército de trombadindhas assaltando nas ruas".**

No rico texto sobre "Educação e a Política" Darcy já dizia, em síntese que "... **Quem não luta seriamente por ... uma educação popular e democrática ajuda ... a manter o nosso povo condenado a viver à margem da civilização letrada, sofrendo as consequências do desemprego ... e ignorância crescente".** E, como sabemos, isso só beneficia os "políticos" de carreira, que nem querem ouvir falar nessa tal educação libertadora, porque o objetivo é outro, qual seja, uma "política" demagógica, populista, paternalista, assistencialista, intervencionista e com fins tão-somente eleitoreiros e corporativista.

O escritor Mario Quintana dizia: **"Os verdadeiros analfabetos são os que aprenderam a ler e não leem".** Para Niemeyer, os governantes que sucederam Brizola não souberam aproveitar as possibilidades dos prédios de 5 mil metros quadrados projetados por ele. "Muitas escolas estão abandonadas, foram esculhambadas", afirmou. Depois de Brizola, quem venceu as eleições no Rio de Janeiro foi Moreira Franco.

Posteriormente, Darcy se manifestou assim: **"Fracassei em tudo o que tentei na vida. Tentei alfabetizar as crianças brasileiras, não consegui. Tentei salvar os indios, não consegui. Tentei fazer uma universidade séria e fracassei. Tentei fazer o Brasil desenvolver-se autonomamente e fracassei. Mas os fracassos são minhas vitórias. Eu detestaria estar no lugar de quem me venceu."**

Darcy Ribeiro foi também responsável pela criação e pelo projeto cultural do Memorial da América Latina, inaugurado em 18 de março de 1989 no bairro da Barra Funda, em São Paulo. A partir de 1991, ele exerceu o mandato de senador pelo Rio de Janeiro até a sua morte em 1997. Antes, porém, o visionário mestre, em 1995, publicou *"O Povo Brasileiro"*, mais uma obra em que abordou a formação histórica, étnica e cultural da nossa gente.

No dia 8 de outubro de 1992, foi eleito para a Academia Brasileira de Letras para ocupar a cadeira onze, cujo patrono era Fagundes Varela. Foi recebido na Academia no dia 15 de abril de 1993 por Cândido Mendes. No discurso de posse ele disse: **"Confesso que me dá certo tremor d'alma o pensamento inevitável de que, com uns meses, uns anos mais, algum sucessor meu, também vergando nossa veste talar, aqui estará, hirto, no cumprimento do mesmo rito para me recordar ... Vendo projetivamente a fila infindável deles, que se sucederão, me louvando, até o fim do mundo, antecipo aqui meu agradecimento a todos. Muito obrigado. Estou certo de que alguém, neste resto de século, falará de mim, lendo uma página, página e meia. Os seguintes menos e menos. Só espero que nenhum falte ao sacro dever de enunciar meu nome. Nisto consistirá minha imortalidade."**

Com obras traduzidas para diversos idiomas (inglês, alemão, espanhol, francês, italiano, hebraico, húngaro e checo), Darcy Ribeiro figura entre os mais notáveis intelectuais do Brasil. A sua incrível trajetória como professor, antropólogo, pensador, mestre, escritor e político foi reconhecida por todos, até pelos seus adversários mais ferrenhos. **Uma de suas últimas contribuições foi o "Projeto Caboclo" que visava a fixação deste na Floresta Amazônica.**

No final, Darcy Ribeiro nos deixou mais uma mensagem, talvez uma pouco mais direta a cada um de nós. Ele disse: **"Termino essa minha vida exausto de viver, mas querendo ainda mais vida, mais amor, mais travessuras...A você que fica aí inútil, vivendo essa vida insossa só digo: Coragem, mais vale errar se arrebentando do que poupar-se para o nada ..."**

CENTRO CULTURAL DO TRE

A antiga sede do Tribunal Superior Eleitoral (TSE), localizada na Rua 1º de Março, é um dos mais belos prédios do Centro do Rio de Janeiro. Tem fachada de mármore Carrara, portões de ferro importados de Portugal, lustres de bronze e estátuas feitas na Fundição Val d'Osne, na França.

Construído entre 1892 e 1896, o prédio foi erguido para ser a sede do Banco do Brasil, que jamais chegou a ocupá-lo. O edifício que conta com uma área de 4 mil metros quadrados é considerado uma pérola do Ecletismo *(Mistura de estilos arqui-tetônicos do passado)*, combinando elementos de estilos **Neoclássico** *(Estilo con-trário aos excessos do barroco e do Rococó, marcante pela exatidão nos contornos, pela sobriedade nos ornamentos e no colorido)* e **Barroco** *(Estilo que procurou expressar as emoções da vida e do ser humano a partir do início do século XVII)*.

O edifício possui piso de ladrilhos hidráulicos, paredes com pinturas de Antônio Parreiras e plenário emoldurado por lambris de madeira trabalhada. Na fachada, os motivos geométricos em cantaria convivem com um majestoso portão em bronze e duas estátuas clássicas de autoria de Rodolfo Bernadelli.

O prédio, que de 1896 a 1909 foi sede do Supremo Tribunal Federal (STF), teve devolvida sua suntuosidade à época em que o Rio de Janeiro foi a capital federal, quando transformado em Centro Cultural da Justiça Eleitoral e, mesmo assim, com tanta história e beleza arquitetônica, atualmente está fechado e se deteriorando, prescindindo de reformas estruturais importantes. Podia fazer parte do circuito cultural do Centro da cidade juntamente com o Centro Cultural Banco do Brasil, Centro Cultural Correios, Casa França Brasil etc. Parece, no entanto, que essa possibilidade, está longe de acontecer.

No dia 27 de março de 2015, comparecemos ao local e fomos informados de que o prédio continuará fechado.

IGREJA DE SANTA CRUZ DOS MILITARES

A Igreja de Santa Cruz dos Militares localiza-se no centro da cidade, na Rua Primeiro de Março, 36.

Originariamente o local era ocupado pelo Forte Santa Cruz, uma unidade militar construída à beira-mar pelo Governador Martim Correia de Sá no início do século XVII. Entre 1623 e 1628, no lugar do Forte, construiu-se uma capela na qual os militares fundaram uma Irmandade com objetivos assistenciais, servindo inclusive de cemitério para os seus membros.

De 1734 a 1737, a Igreja foi a Catedral do Rio de Janeiro. Posteriormente, os navegantes devotos de São Pedro Gonçalves recorreram à Irmandade para realizar no templo os seus feitos religiosos e sociais, resultando daí a fusão de duas irmandades numa só. Obras de reconstrução foram feitas em estilo Barroco com influências Neoclássicas, que duraram de 1780 a 1811, sendo as principais decorações feitas pelo Mestre Valentim. Na inauguração, esteve presente o Príncipe-Regente D.João. Em 1922 um incêndio destruiu parte da Igreja, sendo restaurada logo depois.

Entre os troféus militares existentes na Igreja alguns vieram da Guerra do Paraguai. Caxias foi provedor da Irmandade por vários anos.

Um fato curioso, vale aqui ressaltar. O artesão português Augusto Correia, em certo dia, se pôs a blasfemar contra as imagens do templo, desafiando Deus a matá-lo às 3 horas da tarde, se de fato existisse. Exatamente às 3 horas, Augusto havia caído do alto do seu andaime, contorcendo-se em dores. Após restabelecer-se, converteu-se fervorosamente a Deus, pedindo que lhe fosse dada a oportunidade de reconhecer em público a sua brutal ignorância ao Senhor e à Virgem que insultara. O ato solene, que tanto impressionou a cidade, teve lugar em 12 de agosto de 1845, mas nem por isso os mais exaltados desistiram de linchá-lo. Por tal motivo, o artesão foi obrigado a ficar durante muito tempo escoltado num navio para não sofrer atentados. A partir desse fato, estabeleceu-se na cidade a festa religiosa do Senhor Desagravado e Nossa Senhora da Piedade.

Por duas vezes, em 1828 e 1840, a Igreja foi declarada Imperial.

Vista da Igreja de Santa Cruz dos Militares, pintada pelo inglês Richard Bate no início do século XIX. A torre sineira está no fundo do prédio. A fachada de estilo neoclássico é semelhante à igreja jesuítica de Roma (1568-1575), assim como à da Igreja de Nossa Senhora dos Mártires, no centro de Lisboa, que havia sido construída um pouco antes (1768-1774).

A fachada tem o segundo pavimento mais estreito que o primeiro, ladeado por grandes volutas e encimado por um frontão triangular. O primeiro pavimento usa pilastras com capitéis jônicos (uma das ordens arquitetônicas clássicas em que as colunas possuem capitéis ornamentados com duas volutas conforme a imagem abaixo).

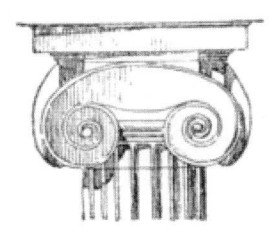

O segundo pavimento usa colunas coríntias, demonstrando a influência clássica (o formato do capitel coríntio que sugere folhas de acanto e quatro espirais simétricas, foi usado para substituir o Capitel jônico como uma variante luxuosa desta ordem). Essas duas Imagens foram extraídas da Wikipédia.

Já a forma dos janelões seguiu os modelos Barroco e Rococó, este último desenvolvido no século XVIII em contraposição aos excessos e à suntuosidade do primeiro. O janelão principal tem uma varanda que é sustentada pelas colunas da entrada.

A Igreja difere da maioria das outras por não ter torres frontais. Os quatro nichos na entrada têm estátuas dos Evangelistas trazidas da Itália em 1926. Já as duas estátuas de madeira de São Mateus e São João Evangelista dos nichos superiores, foram feitas pelo Mestre Valentim, sendo que as originais encontram-se atualmente no Museu Histórico Nacional.

A planta do templo é de nave única com dois corredores laterais. A capela-mor, o arco cruzeiro e parte da nave, incluindo os altares de Nossa Senhora das Dores e de São Pedro Gonçalves, possuem talha Rococó esculpida pelo Mestre Valentim, entre 1802 e 1812. Infelizmente, um incêndio em 1923 destruiu o altar-mor, sendo reconstruido posteriormente. A nave com altares, tribunas e os painéis com brasões, exibe um exuberante trabalho de talha terminado em 1853 pelo artista Antônio de Pádua e Castro.

CASARIOS DO SÉC. XIX NA RUA PRIMEIRO DE MARÇO – RJ

Os casarios dos séculos XIX e início do XX da Rua 1º de março são muito valorizados e reconhecidos como patrimônios a serem preservados. Observemos, pela imagem, nem parecer que estamos no Centro do Rio de Janeiro. Aliás, a correria do dia a dia, nem sempre, nos permite olhar e realmente ver.

Mario Sergio Cortela em seu livro de provocações filosóficas diz que *"A fadiga das retinas leva ao hábito resignado de ver somente aquilo que a vista alcança; a repetição demasiada do mesmo olhar repousa resignada em uma redundância visual..."* E é verdade. Nós mesmos descobrimos os casarios da Rua Primeiro de Março há pouco tempo atrás. E olha que eles estavam ali desde sempre em nossas vidas. Foi como encontrar pela primeira vez um espaço novo bem no Centro do Rio de Janeiro. Paramos, observamos, admiramos e fotografamos. Era um pedacinho do Rio Antigo.

O que seria de uma cidade sem a história de sua evolução, sem a memória dos fatos e dos seus "contos"? É claro que podemos conhecê-los através de registros escritos, dos livros, fotos, pinturas etc. Mas, a preservação dos prédios antigos e o bom uso deles é disponibilizar às gerações vindouras o sentimento do que foi feito e vivido pelas gerações passadas. A preservação, portanto, não é tão-somente guardar recordações, mas possibilitar que as gerações posteriores tenham a possibilidade de entender melhor o processo evolutivo no qual estão inseridas de uma forma ou de outra. Não se deve interromper esse contato sob pena de se perder a memória e o respeito pela própria história. Além disso, já vimos a importância da preservação dos prédios antigos, do ponto de vista turístico, para a cidade. É como se fosse uma bela árvore cheia de frutos durante todas as estações.

ORDEM TERCEIRA DO CARMO

Religião não é coisa de gente tonta. Religião é coisa de gente e ponto final. Questione a veracidade do modelo religioso de um clérigo ou de um budista, hinduísta, muçulmano, kardecista, umbandista etc e terá como resposta: "Quem és tu, intelectual arrogante, para questionar a fonte e a inspiração da minha vida? Ora, desde os primórdios das civilizações, o homem age em ligação direta com o seu imaginário. Em outras palavras, com a (in) consciência que, muitos chamam de Deus ou energia divina, positiva etc. Nessa linha de raciocínio, o físico indiano Amiti Goiswami diz que Deus está disponível em qualquer pessoa porque todos possuem consciência. Se é assim, Deus não é propriedade de religião nenhuma. Adverte o físico que "Crescer espiritualmente é ir além do ego" e que somente através da transformação e criatividade é possível a conexão com a consciência superior. Segundo o estudioso, que já foi chamado de charlatão, o grande segredo da existência humana é deixar fluir a criatividade. Quanto às práticas e escolhas de cada um, esta é outra questão que foge ao foco aqui iluminado.

Amiti Goiswami, que foi durante 32 anos pesquisador e professor titular de física Nuclear Teórica da Universidade de Oregon nos Estados Unidos, sustenta que a espiritualidade tem a ver com a necessidade de se buscar a coerência entre pensamento, sentimento e atitude.

Talvez essa definição seja mais ou menos o outro lado de uma mesma questão ou questões relacionadas com aquelas tratadas anteriormente, envolvendo a religião e a espiritualidade, religiosidade e religioso, porém com uma fundamentação diferenciada e mais moderna e com novos intérpretes do conhecimento humano.

Quanto à questão de tantas igrejas construídas num curto espaço, vale dizer que Portugal sempre foi um país católico e a Igreja, por sua vez, sempre esteve presente no processo de colonização portuguesa. A Igreja da Ordem Terceira do Carmo, mais um exuberante templo católico, localizado na Rua Primeiro de Março, ao lado da igualmente belíssima Igreja do Carmo também desempenharam importantes funções religiosas e históricas ao longo dos séculos, independente dos enormes equívocos praticados e aqui mencionados.

A Ordem decidiu pela construção de uma nova igreja em 1752. As obras ocorreram de 1755 a 1770. As torres atuais, no entanto, com suas cúpulas cobertas de azulejos, só foram construídas no século seguinte, ou seja, entre 1847 e 1850 pelo arquiteto Manuel Joaquim de Melo Corte Real, professor de desenho da Academia Imperial de Belas Artes.

A fachada da Igreja possui belos portais, janelões e um frontão contra-curvado típico do Barroco. Ela é única entre as igrejas da época por ser totalmente revestida em pedra, diferen-ciando das demais igrejas coloniais brasileiras. O uso das fachadas em pedra, no entanto, não se firmou no Rio, provavelmente pelo fato da pedra carioca ser muito escura.

Vale o registro no sentido de que quase toda Igreja é uma obra de arte desde seu frontispício até suas torres. A riqueza e a beleza continuam sendo marcantes e bonito de se ver, pelo menos para mim.

As talhas normalmente eram pintadas em branco, mas as ornamentações eram feitas em ouro no belíssimo estilo Rococó. O altar-mor da Igreja da Ordem Terceira do Carmo tem seu frontispício em prata com castiçais ricamente decorados.

Detalhe do portal principal trazido de Lisboa em 1761. O medalhão (*Foto veiculada à Wikipédia*) mostra São Francisco, a Virgem Maria e o Menino.

Os portais da parte principal e da lateral da igreja, em pedra de lioz portuguesa também são magníficos. Estes foram encomendados a escultores de Lisboa e instalados em 1761 sendo considerados os mais bonitos do Rio de Janeiro.

Como já foi mencionado, a Ordem Terceira do Carmo é vizinha da Igreja do Carmo, duas instituições diversas tendo como padroeira a mesma Virgem do Carmo.

Interessante observar também que no século XIX muitas igrejas foram construídas ou reformadas ao mesmo tempo em que se combatiam as grandes festas populares, como a do Divino Espírito Santo no Rio de Janeiro. Inegável, pois, o caráter dominador e elitista da Igreja Católica que contrariava a própria natureza divina sob determinado aspecto.

Na imagem seguinte, o interior da Igreja.

A igreja é de nave única, com corredores e capelas laterais sendo a capela-mor retangular. A decoração interna começou em 1768 com o entalhador Luiz da Fonseca Rosa, sendo auxiliado, a partir de 1780, por Mestre Valentim.

No século XIX foi aberta uma pequena cúpula sobre a capela-mor para permitir a entrada de luz.

JANELA DE COMPLEMENTAÇÃO

Conforme informações obtidas no site da Igreja da Ordem Terceira de Nossa Senhora do Monte do Carmo – www.igrejanscarmorj.com.br, "... *uma Ordem Terceira é uma associação de pessoas leigas, de ambos os sexos, que, na vida secular, sob a orientação de uma ordem religiosa e conforme seu carisma esforça-se para a perfeição cristã, observando regras impostas pela Santa Sé, preservando para si o direito de modificá-las. Distingue-se, das Ordens Primeira e Segunda, que possuem carismas próprios, dedicando-se seus membros inteiramente à vida consagrada e sujeitos à observância dos votos de castidade, pobreza e obediência ...*"

A instituição "Ordem Terceira do Carmo" remonta ao tempo de São Simão Stock que recebeu das mãos de Nossa Senhora no ano de 1251 o famoso **Escapulário**, sob a promessa de divinas graças concedidas aos seus confrades que o usassem com devoção.

De acordo com a tradição carmelita, Nossa Senhora anunciou-lhe: "aquele que fizesse parte da Ordem (recebesse e usasse o escapulário como sinal dessa pertença) seria salvo definitivamente". A partir daí, São Simão Sotck passou a difundir com toda a sua dedicação, esta piedosa devoção mariana pelo mundo inteiro.

É considerado, entretanto, como fundador das Irmãs Carmelitas da clausura e da própria Ordem Terceira do Carmo, o Beato João Soreth, porque em meados do século XV foi o Beato quem trabalhou intensamente para obter do Papa a aprovação dos estatutos legais e o reconhecimento da Ordem das Irmãs Carmelitas.

Quando se fala de um escapulário, é o da Ordem do Carmo reconhecido pela Igreja Católica e usado por todos os Papas do século XX, por se tratar de um sinal de devoção mariana. Os que o utilizam (religiosos ou leigos) pertencem automaticamete à Ordem Carmelita e consagram-se à Virgem Maria na esperança de obter a especial proteção e a intercessão.

O escapulário concretiza a maternidade espiritual de Maria que protege na vida, salva na morte e intercede depois dela.

CONVENTO DO CARMO

Vista do Largo do Carmo em 1818 por *Franz Josef Frühbeck*. À esquerda, vê-se o Paço Imperial, com o grande edifício do Convento do Carmo ao fundo. Do lado direito do convento está a torre sineira, que não existe mais, e a Igreja do Carmo. O histórico convento localizava-se na Rua Direita, atual Primeiro de Março no coração do Centro Histórico do Rio de Janeiro. Atualmente o Convento situa-se na Rua Morais e Vale, 111, Centro, Rio de Janeiro-RJ.

No final do século XVI, o Frei Pedro Viana, após fundar o Convento do Carmo de Santos, veio para o Rio de Janeiro, ocasião em que recebeu da Câmara a Capela de Nossa Senhora do Ó, que foi convertida em Capela da Ordem do Carmo. Em 1611, a Ordem recebeu o terreno contíguo à capela, onde foi construido o convento a partir de 1619.

Em 1808, com a chegada da corte portuguesa, o Convento foi utilizado para alojar a Rainha Dona Maria I. Entre outras coisas, foi também instalado no local a *Real Biblioteca com os livros vindos de Portugal*.

Na foto abaixo, o registro do passadiço que ligava o Convento à Igreja da Sé. Entre 1840 e 1896, funcionou no prédio o Instituto Histórico e Geográfico Brasileiro.

Foto de Marc Ferrez de 1890.

Existia também outro passadiço que unia o Convento ao Paço Imperial, como se vê na próxima imagem.

Rua Direita, Igreja do Carmo, Capela Imperial e o Convento do Carmo.
Ao fundo, o passadiço que ligava o Convento ao Paço Imperial.

Em 1906, a fachada do Convento do Carmo foi redecorada em estilo Eclético, alterações que foram retiradas em 1960 quando o edifício foi restaurado e tombado pelo IPHAN. Atualmente, o velho prédio é parte da Universidade Cândido Mendes (UCAM), que construiu um prédio com 41 andares contrastando com os edifícios da Arquitetura portuguesa.

O valor histórico do prédio é maior que o artístico. Nunca teve um claustro, diferentemente dos modelos tradicionais. Os dois primeiros andares, com janelas muito espaçadas, são mais antigos, enquanto o terceiro foi construído somente na segunda metade do século XVIII, com destaque para as janelas de verga superior curva. A abertura da rua do Cano, atual Sete de Setembro, destruiu parte da fachada lateral do edifício, assim como a torre e o passadiço que existiam.

O prédio é um importante patrimônio histórico e, por isso, deveria ser melhor cuidado e preservado.

JANELA DE COMPLEMENTAÇÃO HISTÓRICA

Dona Maria I - Maria Francisca Isabel Josefa Antónia Gertrudes Rita Joana de Bragança nasceu em Lisboa no dia 17 de dezembro de 1734 e morreu no Rio de Janeiro em 20 de Março de 1816 com 82 anos. Foi Rainha de Portugal de 24 de fevereiro de 1777 a 20 de março de 1816, sucedendo ao seu pai, El-Rei José I. Manteve a continuidade da dinastia da Casa de Bragança casando com o seu tio, Pedro de Bragança, com quem teve quatro filhos e três filhas.

Historicamente, a rainha é conhecida no Brasil como "a louca". Existem, no entanto, três traços na personalidade de Dona Maria: a piedade, a religiosidade e, por fim, a demência, com a qual conviveu nos últimos 24 anos da sua vida.

Consta que a Rainha tinha feito uma promessa de construir uma igreja, caso concebesse um filho homem apto a reinar. Esse filho foi José, que chegou a ser nomeado Príncipe do Brasil, mas faleceu vítima de varíola, aos 27 anos, porque sua mãe não permitiu, por motivos religiosos, que ele tomasse a vacina para se proteger da doença. Este fato acentuou os problemas mentais da Rainha. A Basílica da Estrela, erguida em agradecimento ao nascimento de José, curiosamente só ficou pronta dois anos após a sua morte, isto é, em 1790.

Enquanto Rainha de Portugal, D. Maria I foi enérgica de acordo com os padrões e necessidades da Realeza. Foi ela, por exemplo, quem demitiu e expulsou o Marquês de Pombal e toda sua corte, em razão do seu modo extremamente violento, como no caso em que pessoas de uma só família tiveram membros dos corpos quebrados e depois jogados, ainda vivos, para queimar nas fogueiras da inquisição. No campo político, ela foi responsável por um período conhecido co-mo "A Viradeira", isto é, quebrou a opressão econômica do Estado sobre alguns setores da economia, mantendo monopólios portugueses que julgava importantes. Este período também foi marcado pela volta da influência da alta nobreza e principalmente da Igreja Católica, quando expulsou vários nobres, professores e alunos da Universidade de Coimbra sob acusação de heresia.

No campo econômico, D. Maria I assinou importantes acordos, com destaque para o tratado de comércio com a Rússia. Além disso, várias instituições militares e científicas foram fundadas sob seu comando, como a Academia Real das Ciências de Lisboa e a Academia Real da Marinha.

A 5 de janeiro de 1785, sob pressão inglesa, promulgou um alvará impondo pesadas restrições à atividade industrial no Brasil. Durante seu reinado ocorreu o processo de condenação e execução do alferes Joaquim José da Silva Xavier, o Tiradentes. Aqui, entretanto, ela não foi piedosa, até porque, o movimento era contrário à sua realeza.

Tais considerações demonstram que, nessa época, a Rainha não agia como uma louca e foi importante para o seu País, de acordo com os padrões do governo monárquico que representava. Somente em 1799, já com 65 anos, foi declarada incapaz, passando o governo em definitivo para seu filho, o Príncipe-Regente D. João. Neste ano, sua instabilidade mental se agravou; primeiro pela morte de seu marido, D. Pedro III, em 1786 e do seu filho e herdeiro do trono, D. José, em 1788. Além disso, a Rainha sofreu com a marcha da Revolução Francesa e com a execução na guilohtina do Rei Luís XVI da França.

Ao final da vida, a rainha gritava de horror porque acreditava que seu pai D. José I estaria sofrendo no inferno, por ter permitido que o Marques de Pombal perseguisse os jesuítas.

Quando veio para o Brasil já estava totalmente debilitada. Foi uma das últimas a desembarcar em 1808, a fim de evitar o olhar da multidão que a aguardava ansiosamente.

Para nós brasileiros, ela era "a louca". Nos últimos anos, já com a demência bem avançada, costumava sair em direção ao Largo do Carmo completamente nua. Como os escravos não podiam cobri-la era preciso esperar algum integrante da nobreza para tomar as providências necessárias. Imaginemos a loucura!

Outra curiosidade é em relação à expressão **"Maria vai com as outras"**. Todos nós relacionamos esta expressão a uma pessoa facilmente influenciável. No entanto, em razão de sua doença, D. Maria I, saía com várias damas de companhia. O povo então comentava**: "La vai D. Maria com as outras"**.

D. Maria I morreu em 1816, oito anos após a sua chegada ao Rio de Janeiro. Porém, desde 1792, seu outro filho, D. João, já cuidava dos assuntos do Estado português.

"A vida só pode ser compreendida, olhando-se para trás; mas só pode ser vivida olhando-se para frente."

Soren Kierkergaard

XV

CATEDRAIS DO RIO DE JANEIRO

AO CONTRÁRIO DO QUE MUITOS PENSAM, RELIGIÃO, NÃO EXA- tamente essa ou aquela, é um atributo do ser humano em qualquer época, em qualquer civilização. Sempre buscamos o relacionamento com forças poderosas, além do factível racional, em busca do equilíbrio e da paz interior. Evidente que distorções ocorrem aqui ou ali, mas, é inegável que a religiosidade caminha de mãos dadas com o homem desde sempre.

Francisco de Assis ensinava que *"Um ser humano vale o que ele é aos olhos de Deus e nada mais."* O Papa Francisco, por sua vez, diz que *"Deus não pertence a nenhum povo."* Somos todos da mesma natureza, incontesta- velmente. Portanto, não é o tipo de religião que a pessoa segue e com a qual convive, mas, o sentimento da religiosidade que faz parte da nossa consci- ência, aliado ao bem maior. "In casu", refiro-me predominantemente à Igre- ja Católica porque foi esta que esteve presente na vida dos brasileiros desde o início da colonização portuguesa, ditando e influenciando os costumes reli- giosos de nossa gente.

Criada em 1676 pela bula do Papa Inocêncio XI, a Diocese e depois Ar- quidiocese de São Sebastião do Rio de Janeiro, não tinha Catedral própria e sempre precisou servir-se de igrejas emprestadas *(Informações extraídas do site da Catedral Metropolitana de São Sebastião do Rio de Janeiro).*

Primeira Catedral – Instalada em 1676, na igrejinha que o Governador Salvador de Sá mandara fazer de adobes e telha-vã, com três naves, no Morro do Castelo. A Igreja de São Sebastião, foi demolida em 1922 por ocasião do desmonte do Morro. Na imagem a seguir, a última missa na Igreja.

Foto Agusto Malta – 1921

Em outra oportunidade abordaremos a demollição do Morro do Castelo na segunda década do século XX, assim como um pouco da história de outras religiões que também se fizeram e se fazem presentes na vida do carioca.

Segunda Catedral – Em 1734, a Catedral foi transferida do Morro do Castelo para a antiga Capela da **Igreja de Santa Cruz dos Militares**, situada na Rua Primeiro de Março, lá permanecendo somente por 3 anos.

Terceira Catedral – Em 1737, a Catedral foi transferida para a Igreja de Nossa Senhora do Rosário e São Benedito dos Homens Pretos, localizada na chamada Rua da Vala, atual Rua Uruguaiana, 77, Centro Histórico do Rio de Janeiro, até a chegada do Príncipe Regente D. João, em 1808.

Igreja de Nossa Senhora do Rosário e São Benedito dos Homens Pretos

Quarta Catedral - Em 1808, D. João mandou transferir a Catedral para a Igreja Nossa Senhora do Carmo, ao lado da Igreja da Ordem Terceira do Carmo na Rua Primeiro de Março, permanecendo ali até 1976, quando foi concluída a Catedral própria de São Sebastião do Rio de Janeiro.

Fonte: Wikipédia

Interior da Igreja da Sé

Quinta Catedral - No dia 15 de agosto de 1979, por ocasião da comemoração do Jubileu de Prata da ordenação episcopal, o Cardeal D. Eugênio de Araujo Sales fez a solene dedicação do Novo Templo, sendo considerado este evento o verdadeiro marco de inauguração da **Catedral de São Sebastião do Rio de Janeiro**. Em 22 de setembro de 2001, ano em que comemorou 30 anos à frente da Arquidiocese, o Eminentíssimo Cardeal Dom Eugênio Sales tornou-se Arcebispo Emérito do Rio de Janeiro. O seu sucessor foi Dom Eusébio Oscar Scheid.

Na Imagem seguinte, o interior da Catedral de São Sebastião do Rio de Janeiro. Eu lembro que ao sair do templo estava com dor no pescoço de tanto olhar para o alto e observar tantos detalhes.

JANELA DE INFORMAÇÕES COMPLEMENTARES
SOBRE AS CATEDRAIS

Terceira catedral - A "Irmandade de Nossa Senhora do Rosário e São Benedito dos Homens Pretos" foi fundada em 1640 e funcionava na "Igreja Jesuítica de São Sebastião" no morro do Castelo. A irmandade construiu uma nova Igreja entre 1701 e 1737 na chamada **Rua da Vala** (atual Uruguaiana), rua esta que, na época, marcava os limites da cidade..

A sede episcopal instalou-se na Igreja em 1737. Em 1808, a Família Real aportou no Largo do Carmo e seguiu para a Igreja. Pouco tempo depois, a catedral transferiu-se para a Igreja de Nossa Senhora do Monte do Carmo por ser muito próxima do Paço Imperial.

Durante um período de 13 anos, entre 1812 e 1825, funcionou, nas dependências da Irmandade dos Homens Pretos, a Câmara Municipal do Rio de Janeiro.

No século XIX, a Igreja passou por uma reforma, cuja, decoração interna em talha dourada foi refeita por Antônio José Monteiro. A fachada também foi alterada, com a re-construção total das duas grandes torres. Foi mantida a porta feita no início do século XVIII, em **estilo Maneirista** (tardo--renascentista), em lugar do Barroco predominante na época.

Atualmente, a referida igreja não tem praticamente nenhuma decoração interna, devido a um incêndio ocorrido em 1967, que destruiu os altares,. a talha das capelas, paredes e colunas. No incêndio, perdeu-se também o chamado Museu do Negro, que funcionava no segundo andar.

O interior foi reconstruído pelos arquitetos Lúcio Costa e Sérgio Porto. Apesar da tragédia, o aspecto vazio no interior serve para demonstrar a importância da talha dourada. Sem esta, a igreja perdia um pouco o sentido.

Muitos negros fizeram parte dessa irmandade como o escultor e urbanista Valentim da Fonseca e Silva (enterrado na igreja em 1813 e recordado na entrada por uma placa de bronze) e o compositor e regente Padre José Maurício Nunes Garcia, diretor musical do templo (1798-1808), quando ainda era a catedral da cidade.

Quarta Catedral - A Igreja de Nossa Senhora do Carmo remonta à primitiva capela do vizinho Convento do Carmo, um dos mais antigos da cidade, fundado ainda no século XVI.

A belíssima talha dourada em estilo Rococó do interior da Igreja foi realizada pelo Mestre Inácio Ferreira Pinto a partir de 1785.

Com a chegada da Família Real, a Igreja do Carmo, por ser muito próxima do Paço, foi transformada em Capela Real Portuguesa e, pouco mais tarde, em Catedral do Rio de Janeiro.

Como Capela Real, o templo foi palco de importantes eventos, como a sagração de D. João VI como Rei de Portugal, em 20 de março de 1816, após a morte de D. Maria I. Ali, o Príncipe D. Pedro recebeu sua esposa D. Leopoldina de Áustria, no dia 6 de novembro de 1817, com quem havia casado por procuração alguns meses antes na Itália.

Após a Independência, a Igreja passou a ser a Capela Imperial e sediou as cerimônias de sagração dos Imperadores D. Pedro I e D. Pedro II, bem como o casamento da Princesa Isabel com Louis Phillippe Gaston D'Orléans, o Conde D'Eu, em 15 de outubro de 1864.

A decoração do interior é a principal atração artística graças ao magnífico trabalho de talha dourada de feição Rococó. A talha foi executada a partir de 1785 pelo escultor Inácio Ferreira Pinto, um dos maiores artistas do Rio Janeiro colonial.

Interessante notar que, em um jazigo que fica abaixo da capela do Santíssimo, se encontram depositados, desde 1903, em uma urna de chumbo, parte dos restos mortais de Pedro Álvares Cabral, antes depositados na Igreja de Santa Maria da Graça, em Santarém, Portugal.

Altar-mor da antiga Sé

O teto é de madeira curvada. Sobre cada balcão existente há uma abertura no teto (luneta) que permite a entrada de luz. A igreja teve também muita importância no desenvolvimento da música erudita no Rio de Janeiro.

Foram regentes e compositores da Capela Real, o brasileiro Padre José Maurício Nunes Garcia e o português Marcos Portugal.

A fachada ficou pronta apenas por volta de 1822, cujo responsável foi o arquiteto português Pedro Alexandre Cavroé, que deu ao edifício um estilo Clássico.

A estátua, em um nicho da fachada, representa o santo padroeiro da cidade, São Sebastião.

A torre, reconstruída entre 1905 e 1913 pelo arquiteto italiano Rafael Rebecchi, foi encimada por uma estátua, em bronze, de Nossa Senhora da Conceição.

Em 2008, no Governo César Maia, a Igreja passou por uma reforma e por um banho de ouro. A antiga Sé foi e continua sendo muito importante para a Cidade do Rio de Janeiro. A visita a esse patrimônio histórico, cultural e religioso é muito recomendável.

Quinta Catedral - No ano de 2009, o Cardeal Scheid tornou-se Arcebispo Emérito e Dom Orani João Tempesta, o novo arcebispo do Rio de Janeiro, nomeado pelo Sumo Pontífice Bento XVI. No dia 12 de janeiro de 2014, foi anunciada a nomeação de Dom Orani como Cardeal, investidura que foi marcada para o primeiro consistório ordinário do Papa Francisco em 22 de fevereiro de 2014.

A Catedral em estilo moderno apresenta formato cônico, com 106 metros de diâmetro, 75 metros de altura externa, 64 metros de altura interna e capacidade para 20 000 pessoas em pé. A beleza da edificação, de linhas retas e sóbrias, deve-se aos vitrais coloridos rasgados nas paredes até a cúpula. Projeto e execução foram coordenados pelo Monsenhor Ivo Antônio Calliari (1918 - 2005).

O projeto é do arquiteto Edgar de Oliveira da Fonseca: para alguns, a obra foi inspirada nas naves do Projeto Apollo, como símbolo do futuro; para outros, inspirado nas pirâmides maias . A porta principal é formada por relevos em bronze e tem, como tema, a fé. O interior da catedral foi projetado pelo padre Paulo Lachen Maier. As esculturas são de Humberto Cozzo. A Capela do Santíssimo tem dois candelabros de Niccola Zanotto.

Estátua de São Francisco de Assis, em bronze, que fica na entrada lateral direita da Catedral. Essa imagem foi extraída do site oficial da Catedral Metropolitana do Rio de Janeiro.

Atribuem-se a São Francisco de Assis a frase: **"Ninguém é suficientemete perfeito, que não possa aprender com o outro e, ninguém é totalmente destituído de valores que não possa ensinar algo ao seu irmão.**

XVI
PALÁCIO TIRADENTES

O PALÁCIO TIRADENTES ESTÁ LOCALIZADO NA RUA PRIMEIRO de Março, s/nº, Praça XV, Rio de Janeiro, Brasil.

O primeiro edifício existente foi o Parlamento Imperial construído no ano de 1640. No piso inferior existia a "Cadeia Velha" onde eram abrigados os presos do período colonial. Neste local, ficaram presos por três anos, Joaquim José da Silva Xavier (o Tiradentes) e mais 17 Inconfidentes, todos aguardando a sentença de julgamento por terem participado ou liderado a Inconfidência Mineira no final do século XVIII.

Imagem do Parlamento Imperial e Cadeia Velha – Fonte: euqueroeviajar.wordpress.com

Para melhor nos situarmos no contexto histórico da Inconfidência Mineira, Vila Rica à época era, como disse um poeta, **"a pérola preciosa do Brasil".** Infelizmente a riqueza da cidade foi também fonte de desgraças.

Há muito pouco tempo, vimos o que aconteceu em "Serra Pelada". Nas Minas Gerais, também foram muitos os problemas sociais em razão da corrida pelo ouro, guardando as devidas proporções.

JANELA DE COMPLEMENTAÇÃO HISTÓRICA

Na época, o governo local que representava a Coroa portuguesa, taxava duramente qualquer produto levado às minas, assim como qualquer grama de ouro que saísse da região.

Portugal com sua conhecida e retrógada "economia de quintal" ficava com a maior parte do ouro extraído das Minas Gerais, permitindo que D. João V reinasse com luxuosa ostentação. Nem mesmo nessa época, século XVIII, a Coroa quis saber de aproveitar a riqueza que saia do Brasil para investir em programas de desenvolvimento econômico como faziam outros países europeus. A família real continuava viver em função da exploração de riquezas, principalmente aquelas oriundas da Colônia Brasileira. Faltou, pois, à Coroa entender que adaptar-se aos novos tempos não era morrer para a história vivida, mas viver para frente e de forma plena.

O estopim da revolta foi a exigência portuguesa que obrigava Vila Rica a pagar 1.500 quilogramas de ouro por ano à Coroa. Caso contrário, seria feita a "derrama", um imposto extra a toda população, até completar as 100 arrobas ou 1500 quilos de ouro. A revolta foi grande e, após várias reuniões dos líderes do movimento, ficou decidido que, no dia da "derrama", a revolta seria deflagrada. Apesar do grande descontentamento com as ordens da Coroa, e diferentemente da historiografia oficial, a Conjuração Mineira não foi um movimento de origem popular, mas da oligarquia local, detentora das principais minas da região, que não aceitava as novas exigências da Corte.

No dia marcado, a derrama não foi decretada e o movimento não foi deflagrado, desarticulando os líderes da revolta. A partir daí, o Governo de Luis Antônio Furtado de Mendonça, Visconde de Barbacena, beneficiando-se das informações de Joaquim Silvério dos Reis que, em troca, almejava o perdão de suas dívidas, prendeu todos os acusados, enviando-os ao Rio de Janeiro para serem julgados.

Eram 18 acusados que ficaram presos 3 anos na Cadeia Velha, blasfemando uns contra os outros, com exceção de Tiradentes, que se mantinha altivo, assumindo inclusive a culpa pelo movimento. No final, 7 foram condenados ao degredo e 11 à morte. Todas as sentenças foram reformadas, menos a do alferes Joaquim José da Silva Xavier, o Tiradentes. A Coroa o escolheu para servir de exemplo a todos que planejassem ou participassem de qualquer movimento de libertação ou de oposição às decisões da Corte. Ora, Tiradentes nunca fez parte do grupo que liderou a revolta, mas Portugal entendia que era preciso ter um "bode expiatório". No dia

21 de abril de 1792, Tiradentes foi enforcado e seu corpo esquartejado em 4 pedaços. Uma parte foi pendurada num poste em Paraíba do Sul; outra amarrada numa encruzilhada na saída de Barbacena; outra ficou na frente da estalagem de Varginha e a última foi espetada perto de Vila Rica. A cabeça foi enfiada num poste em frente a sede do governo em Vila Rica.

E assim foi feito. Como diz Eduardo Bueno em "Brasil: Uma História", o Brasil ganhou seu Cristo cívico, o Tiradentes, e um Judas: o traidor Silvério dos Reis, desprezado e escorraçado pelo resto de sua vida.

O Parlamento Imperial foi demolido em 1922. Em seu lugar, foi construído o monumental Palácio Tiradentes projetado por Archimedes Memoria e Francisco Cuchet sendo inaugurado em maio de 1926. Hoje, o Palácio oferece aos visitantes uma exposição multimídia permanente, intitulada **"Palácio Tiradentes: lugar de memória do Poder Legislativo".**

Com a instauração do Estado Novo em 1937, o Palácio passou a ser a sede do Departamento de Imprensa e Propaganda (DIP). Ao fim do Estado Novo, em 1945, voltou a funcionar no prédio a Câmara dos Deputados.

Em 1960, com a mudança da Capital para Brasília, a cidade do Rio de Janeiro passou à qualidade de Estado da Guanabara e o "Tiradentes"passou a acolher sua Assembléia Legislativa. Quando, em 1975, a Guanabara juntou-se ao Estado do Rio de Janeiro o Palácio passou a abrigar a Assembléia Legislativa do Estado do Rio de Janeiro - ALERJ.

A arquitetura do Palácio destaca-se por mesclar estilos franceses e neoclássicos, afrescos *(Técnica de pintura aplicada em revestimentos recentes e frescos)* e esculturas presentes no prédio. A cúpula foi adornada com esculturas representando a Independência e a República. No interior, a cúpula é composta de vitrais representando o céu da noite de 15 de novembro de 1889. O piso foi feito em mosaico artesanal. Vale a pena visitar o salão nobre, a biblioteca, a sala das comissões, a escadaria que dá acesso ao salão nobre e finalmente, a exposição fotográfica que aponta fatos da histórica política brasileira.

A cúpula com as águias representando o poder.

O Palácio abriga decorações de artistas renomados como Eliseu Visconti, Carlos Oswald e João Timóteo da Costa. O painel decorativo do plenário do Palácio Tiradentes foi feito por Eliseu Visconti em 1926 e representa a assinatura da primeira Constituição Republicana de 1891.

Em frente ao Palácio, ergueu-se uma estátua em bronze de Tiradentes de autoria de Francisco Andrade e duas colunas chamadas "Victórias" em estilo "neogrego". Ali, normalmente acontecem manifestações e reivindicações de diversos segmentos da sociedade.

O Palácio Tiradentes faz parte do belo conjunto arquitetônico do Centro Histórico da Cidade, juntamente com o Paço Imperial, a Igreja de São José, o Convento Carmelita, a antiga Sé e a Ordem Terceira do Carmo, os dois templos mais antigos e tradicionais da cidade.

A partir de setembro de 2001, após assinatura de convênio com a Universidade do Estado do Rio de Janeiro (UERJ), estagiários dos cursos de História e Ciências Sociais passaram a guiar visitas de escolas públicas, particulares e visitantes em geral, inclusive em inglês, francês e espanhol. Em 10 anos, foram atendidos 424.124 visitantes.

JANELA SOBRE O PRÉDIO ANEXO DA ALERJ

Existia um projeto de mudança da sede do parlamento para a Cidade Nova. Trata-se de uma reivindicação antiga dos próprios parlamentares, uma vez que o Palácio Tiradentes, onde acontecem as sessões plenárias, é tombado e tem uma série de limitações para receber obras de modernização. Além disso, o prédio anexo onde ficam os gabinetes dos deputados, bem em frente à Praça Quinze, sofre graves problemas de infraestrutura.

O anexo destoa dos prédios históricos da Praça XV como o Paço Imperial e do próprio Palácio Tiradentes. A demolição seria uma decisão em prol da sociedade e do Centro Histórico do Rio de Janeiro.

O ex-presidente da ALERJ, Deputado Paulo Mello, segundo informações, já vinha discutindo com Eduardo Paes, atual Prefeito da Cidade, sobre o restauro do Palácio Tiradentes, no sentido de transformá-lo em museu em caso de mudança do parlamento.

Em 28/03/2015, o Jornal "O Dia" publicou que tudo indica que o anexo será demolido para a revitalização da Praça XV, mas, ainda não se sabe onde ficará o novo prédio da ALERJ.

MEMÓRIA

Amar o perdido
deixa confundido
este coração.

As coisas tangíveis
tornam-se insensíveis
à palma da mão.

Nada pode o olvido
contra o sem sentido
apelo do Não.

Mas as coisas findas,
muito mais que lindas
essas ficarão.

Carlos Drummond de Andrade

XVII
MONUMENTO DO GENERAL OSÓRIO

O UTRO MONUMENTO QUE TAMBÉM IMPORTA MENCIONAR É O do General Osório, construído no Largo do Paço. A estátua equestre foi feita pelo escultor mexicano Rodolfo Bernardelli. A obra foi inaugurada em 12 de novembro de 1894, com a presença de autoridades e grande público, homenageando essa figura exponencial do Exército brasileiro.

Na foto abaixo, o povo presente na inauguração do monumento ao General Osório, o Convento Carmelita, a Capela do Carmo, que não existe mais, e as Igrejas do Carmo e da Ordem Terceira do Carmo.

Fonte: literaturaeriodejaneiro.blogspot.com

Manoel Luís Osório foi um dos mais destacados militares da história brasileira. Nasceu em 1808, no Rio Grande do sul, mesmo ano da chegada da Corte Portuguesa ao Brasil. Aos 15 anos, iniciou carreira acompanhando o pai que também era soldado. Apesar de ter simpatia pelo movimento farroupilha, não concordou com as ideias separatistas e integrou-se ao exército imperial. Sua grande capacidade e destemor o levariam aos mais altos postos, tornando-se destaque na Guerra do Paraguai. No conflito, encerrado em 1870, Osório sofreu ferimentos que prejudicaram muito a sua saúde.

Quando de sua morte em 1879, o corpo do militar fora embalsamado e levado para o Asilo dos Inválidos da Pátria, na Ilha de Bom Jesus, na Baía de Guanabara. Depois os restos mortais, foram transferidos e depositados em uma urna nos alicerces do monumento. No dia 19 de novembro de 1993, Dia da Bandeira, foi realizada a exumação do corpo, cujos despojos foram transferidos para o Parque Histórico Marechal Luís Osório no município de Tramandaí no Rio Grande do Sul.

Como sabemos, a Praça XV talvez seja o núcleo mais importante do Centro Histórico da Cidade do Rio de Janeiro e, no entanto, não está ileso aos ataques de vândalos principalmente quando o local é desprovido de segurança treinada e eficiente. Nesse caso, não seria por demais custosa uma vigilância preparada inclusive para orientar turistas brasileiros e internacionais, tendo em vista a importância histórica do local.

No dia 09 de abril de 2012, o jornal "O Globo" publicou a seguinte matéria:

"RIO - A espada empunhada pela estátua do General Osório na Praça XV, no Centro, e o gradil que circunda o monumento e pesa cerca de 80 quilos, assim como uma placa em bronze nele afixada, foram roubados durante o feriado de Páscoa. (...) O caso será registrado esta tarde na 1º DP (Gamboa)."

"A Secretaria de Conservação e Serviços Públicos irá fazer a avaliação técnica dos danos para contratação de novo restauro. O monumento ao General Osório tem oito metros de altura. A peça havia sido restaurada pela prefeitura no segundo semestre de 2011. O monumento de 1894 foi o primeiro instalado na cidade após a proclamação da República. Foi fundido em Paris, em 1892, nas oficinas Thibau."

Em síntese, os criminosos tiveram toda tranquilidade para entrar no monumento com os equipamentos necessários, retirar o que bem entendessem e levar o produto do crime sem nenhum problema porque não havia, pelo menos naquela ocasião, qualquer vigilância na área. Em 29 abril de 2014, ao passar pelo local, deparei-me com mais uma depredação, comprovando mais uma vez a falta de cuidado e a falta de respeito com a coisa pública, enquanto os criminosos agindo com toda a tranquilidade.

Veja na foto que as balas de canhão que estavam em cima da coluna, foram subtraídas. Aliás, todas as outras das demais colunas também o foram.

Depois das lanças, foram as grades num ambiente propício à criminalidade porque carece de educação e vigilância pública. Bom seria se existissem guardas municipais que protegessem e orientassem visitantes e turistas sobre as relíquias culturais e históricas, como existem em outros cantos do mundo.

Ainda em maio de 2014, grande parte da grade do entorno do monumento tinha sumido. A outra parte, no dia 22 de maio, foi retirada por ordem da Prefeitura.

Neste lugar que fica no coração do Centro histórico do Rio de Janeiro, qualquer dia desses, o General Osório vai ficar sem o seu cavalo.

Uma pena! Um lugar tão rico e tão pobre, com tanta tradição e desilusão. Uma pena porque, o conhecimento aberto, liberta, mas sem educação, não há salvação.

XVIII
PROCLAMAÇÃO DA REPÚBLICA

O NOME PRAÇA XV DE NOVEMBRO, COMO SABEMOS, FOI DADO em homenagem à Proclamação da República, exatamente para tentar descaracterizar um pouco o largo e o Paço Imperial. Vejamos sucintamente como foi feita.

Para começar, é importante destacar que, entre 1883 e 1887, ocorreu uma série de eventos que colocou em rota de colisão oficiais do Exército brasileiro e políticos monarquistas, especialmente aqueles ligados ao Partido Conservador. O estopim foi o fato de os militares ficarem proibidos por lei de se pronunciarem sobre assuntos políticos. Tais acontecimentos, juntamente com a abolição da escravatura e a inércia do governo monárquico, teriam como consequência principal a conspiração e o golpe militar contra a Monarquia e a fatídica Proclamação da República em 1889.

Ao contrário da corrente oficial, a República brasileira não resultou de uma campanha popular. Aliás, nem se sabia o significado de república, muito menos dos ideais republicanos. No ano da proclamação, o Brasil contava com cerca de 14 milhões de habitantes, sendo que de cada 100 brasileiros somente 15 sabiam ler e escrever o próprio nome. Entre os negros e escravos recém-libertos, o índice de analfabetismo era superior a 99%.

Não havia, portanto, crença na República, mas, retaliações principalmente dos barões do café, em razão da abolição da escravatura e de parte da cúpula do Exército brasileiro em relação a políticos da época. Na verdade, o golpe foi articulado por um pequeno grupo, influenciado pelo Positivismo de Auguste Comte. De acordo com J.A. Gueiros, em "História de um Príncipe", fl.

22, o *"slogan dos positivistas era: **O amor como princípio, a ordem por base e o progresso por fim"***. Daí retiraram os republicanos a divisa que até hoje identifica a nossa bandeira – **Ordem e Progresso**. Esse grupo, mesmo pequeno, soube articular estrategicamente o golpe, aproveitando-se da insatisfação dos "donos de escravos" e, principalmente de pessoas como Deodoro da Fonseca que era o militar do Exército Brasileiro com mais influência sob a tropa.

Deodoro, no entanto, só resolveu aderir ao movimento e comandar o levante porque estava interessado em derrubar o Presidente do Conselho de Ministros do Império, o Visconde de Ouro Preto com o qual vinha se desentendendo há muito tempo. Segundo vários historiadores, Deodoro não queria o fim da Monarquia, mas o fim do Visconde e de alguns políticos. Para influenciar fortemente o Marechal, explica J.A. Gueiros em seu livro "História de um Príncipe", às fls. 27 e 28, que Frederico Solón de Sampaio Ribeiro, condecorado por bravura na guerra do Paraguai e republicano fanático, teve a ideia de espalhar um boato na Rua do Ouvidor, centro nervoso do Rio, repleto de cafés e redações de jornais, divulgando que o autoritário Visconde mandara prender Deodoro da Fonseca e Benjamim Constant. Inventou ainda que várias guarnições do Exército já estavam sendo transferidas para o interior do país e que só ficaria no Rio a Guarda Negra composta de ex-escravos. Essas mentiras chegaram a Deodoro surtindo o efeito desejado. O velho Marechal deixou então seu leito de enfermo e saiu para dar apoio ao golpe que julgava estar armado contra Ouro Preto e não contra D. Pedro II.

Benjamin Constant, um dos líderes do golpe republicano por outro lado, vivia dizendo que **"está provado que a Monarquia no Brasil, é incompatível com um regime de liberdade política"** (Lurentino Gomes, 1889, ed. Globo, FL. 43). Após a proclamação a prática foi completamente diferente do que se dizia, tal qual hoje também é feito.

No dia 15 de novembro de 1889, Ouro Preto encontrava-se entrincheirado no quartel-general do Exército desde a madrugada, pois já sabia da rebelião. No quartel, existia uma guarnição monárquica de 2 mil homens, comandada por Floriano Peixoto, que não atendeu às ordens de Ouro Preto quando este mandou atacar as tropas rebeldes. Assim, a Monarquia caiu sem nenhum confronto com as tropas imperiais porque estas eram chefiadas por outro traidor famoso, Floriano Peixoto. Não houve participação popular e nem um tiro disparado, muito diferente do resto da América.

JANELA SOBRE O GOLPE DA REPÚBLICA EM 1889

Laurentino Gomes, autor de "1889", fl. 41, registra que Benjamim Constant, oficial do Exército e um dos principais líderes do golpe, num determinado momento, indagou aos colegas conspiradores sobre o que fazer do Imperador. Exila-se, propôs o Alferes Joaquim Inácio. Mas, se houver resistência, insistiu Benjamim, fuzila-se, sentenciou Joaquim Inácio. Benjamin então emendou: "... o senhor é sanguinário! Ao contrário, devemos rodeá-lo de todas as garantias e considerações porque é um nosso patrício muito digno." Por ironia da História, "o sanguinário" Joaquim Inácio Cardoso viria a ser avô do futuro presidente da República, Fernando Henrique Cardoso.

O que os líderes do movimento fizeram foi usar e aproveitar o descontentamento dos militares do Exército com os políticos do governo monárquico, para, mediante a força das armas, dar o golpe da República. Só para se ter uma ideia, na última eleição parlamentar do Império realizada em 31 de agosto de 1889, o Partido Republicano elegeu somente dois deputados e nenhum senador. Sem eco nas urnas, os golpistas usaram os militares para acabar com a monarquia.

E o Marechal Deodoro? O Marechal foi um oficial de carreira que ascendeu à tropa graças à bravura em combate, à determinação e ao comportamento irrepreensível, conforme avaliação do Exército. Participou da repressão à revolta Praieira, do cerco a Montevidéu e de uma dezena de batalhas na Guerra do Paraguai. Sua ascensão foi tal que, em 1883, além de comandante das Armas do Rio Grande do Sul, tornou-se também presidente provisório daquela província. Vale ressaltar que Deodoro não tinha qualquer convicção de ideais republicanos, mas, tão-somente, reclamações e desentendimentos com políticos da Monarquia. Aliás, ele era amigo de D. Pedro II.

Laurentino Gomes informa, à fl. 51 do Livro "1889", que o historiador Celso Castro afirma também que a grande "maioria dos soldados que integrava as tropas golpistas em 15 de novembro não estava consciente de que a pretensão era derrubar a Monarquia", isto é, os soldados foram usados como massa de manobra. Segundo o autor, nem alguns oficiais sabiam do golpe. Marcharam em direção ao Campo de Santana como se fosse um desfile do Exército. Muitos pensavam que o movimento era para derrubar o presidente do Conselho de Ministros e não o Imperador e muito menos a Monarquia. Tanto é verdade que, em 18 de dezembro, estourou uma revolta de soldados do Segundo Regimento de Artilharia, justamente uma das unidades que havia participado do golpe, cujo objetivo era exatamente a volta da Monarquia e de D. Pedro II ao Brasil.

Isso, inevitavelmente, nos leva ao entendimento de que, se houvesse uma reação minimamente organizada pelo governo monárquico, muito provavelmente a República, da forma como foi feita, não teria acontecido. É claro que os revoltosos foram punidos, bem como os de outras revoltas pró-Monarquia em diferentes regiões do país.

Com relação à postura estratégica do Presidente do Conselho de Ministros no dia 15 de novembro, esta foi no mínimo equivocada. Ele transferiu-se do Arsenal da Marinha para o Quartel-General do Exército situado no Campo de Santana. Até aquele momento, a Marinha se mostrava fiel ao governo imperial enquanto o Exército, este sim, era o foco de toda a rebelião. Ora, a sede do comando naval era na Ilha das Cobras (foto abaixo), isolada do continente por um pequeno trecho de mar, e, por isso, os cavalos do Exército jamais conseguiriam chegar. Além disso, o Visconde poderia sair estrategicamente do Centro do Rio de Janeiro pela Baía de Guanabara em caso de necessidade. Realmente foi um erro grave, até porque o Quartel General do Exército era a casa dos golpistas e tudo já estava planejado.

Nenhuma tropa fiel ao governo, nenhum obstáculo, nada havia sido mobilizado para proteger o Ministro Ouro Preto e a Monarquia. O golpe já estava sacramentado e a população sem entender o que se passava. Deodoro, por sua vez, muito doente, buscou forças não se sabe de onde e seguiu de charrete em direção às tropas. Ao chegar próximo ao Campo de Santana, pediu para montar à cavalo assumindo a liderança do movimento. Naquele momento, de dentro do quartel do Exército, o Visconde de Ouro Preto disparava ordens para que providências enérgicas e imediatas fossem tomadas, mas o golpista Floriano Peixoto fingia desconhecer a gravidade da situação. O Ministro, depois de algum tempo, entendeu que estava sozinho e, ali mesmo, redigiu o último telegrama a Dom Pedro II no qual selava de vez a sorte da Monarquia no Brasil.

No dia seguinte, o Imperador resolveu, também equivocadamente, retornar ao Rio de Janeiro. Poderia permanecer em Petrópolis, recuar para Minas Gerais e organizar a resistência, mas, nada foi feito. Parece que realmente ele não queria derramamento de sangue.

No Rio de Janeiro, Deodoro fez um discurso aos presentes, explicando que assumiu a liderança do movimento **para vingar as injustiças e ofensas cometidas pelo governo imperial aos militares**. Depois, conseguiu montar a cavalo e desfilar com a tropa pelo centro da cidade retornando em seguida para a casa em que morava.

Curiosamente, até aquele momento, a tão esperada proclamação da República não havia acontecido e isso preocupava os líderes do golpe. Anibal Falcão, conforme conta Laurentino Gomes em "1889" à fl. 61, redigiu então um pequeno texto no qual anunciava: **"o povo reunido em massa na Câmara Municipal, após a gloriosa revolução, aboliu a Monarquia no Brasil"**. O povo em massa a que se referiam não passava de meia dúzia de jornalistas e intelectuais. Em seguida, os pouquíssimos republicanos convertidos de última hora se dirigiram à casa de Deodoro. Porém, foram recebidos por Benjamim Constant que, ao final, anunciou que, no momento oportuno, a nação seria consultada sobre a troca do regime.

Naquela mesma noite, o Marechal Deodoro da Fonseca comunicava que o Exército e a armada tinham decretado a deposição da família imperial e o fim da Monarquia, não mencionando em nenhum momento a palavra República, como informa Laurentino Gomes no livro "1889" à fl. 63. A consulta prometida por Benjamim Constant aconteceu 103 anos após o fatídico

15 de novembro de 1889. Em abril de 1993, os brasileiros finalmente foram chamados a decidir em plebiscito nacional se o Brasil deveria ser uma Monarquia ou uma República. Venceu a República e os dias imperiais do Brasil já haviam terminado há algum tempo.

Leandro Narloch por sua vez nos informa às fls. 274 e 275 em "Guia Politicamente Incorreto da História do Brasil" a afirmativa de Rojas Raúl, presidente da Venezuela à época: **"Foi-se a única república da América".**

Derrubada a Monarquia, o sonho de liberdade e ampliação dos direitos, rapidamente se dissiparam. Em alguns anos, o país já estava mergulhado na ditadura sob o comando de Floriano Peixoto, o "Marechal de Ferro", o mesmo que ocupava um cargo elevado no Império e que deveria defender D. Pedro II e a Monarquia. Foi o oportunista de plantão da época, que aguardou o momento certo para dar o bote.

Como assinala Leandro Narloch à fl. 276 no "Guia Politicamente incorreto da História do Brasil, *"Nos 120 anos da República Brasileira, são frequentes os presidentes que trataram os cidadãos, pressionaram a imprensa e gastaram o dinheiro público como se fossem reis absolutistas. Mesmo aqueles que deram contribuições relevantes ao país, caíram no costume de agir como se estivessem acima da lei. Isso não se pode dizer de D. Pedro II que raramente tomava decisões autoritárias, valendo ressaltar que, por diversas vezes, disse que preferia ser um presidente eleito ou um simples professor."*

Não há dúvida de que D. Pedro II era um monarca considerado liberal, diferentemente de muitos republicanos que tomaram o poder com discursos liberais e práticas absolutistas.

O ÚLTIMO BAILE DA MONARQUIA

A seguir, a pintura de Francisco Figueiredo mostrando o baile, cujo original se encontra no Museu Nacional, com os convidados e a ilha iluminada. A festa só terminou ao amanhecer.

Fonte: Rio de Janeiro Aqui.

Conforme informa o site www.riodejaneiroaqui.com, a Família Real aparece à direita. Próximo a D. Pedro II, de barbas longas, estão os oficiais do Encouraçado Almirante Cochrane.

A Ilha Fiscal localiza-se no interior da Baía de Guanabara em frente ao Centro Histórico da cidade do Rio de Janeiro. Primitivamente era denominada pelos europeus como *ilha dos Ratos*. O seu atual nome provém do fato de ali ter funcionado o posto da Guarda Fiscal, que atendia o porto da então capital do Império no século XIX.

Fonte dessa e das imagens seguintes: Wikipédia

A ilha celebrizou-se pela realização do famoso baile da Ilha Fiscal, a última grande festa do Império antes da proclamação da República, em novembro de 1889. Atualmente, abriga o Museu Histórico Cultural, mantido pela Marinha do Brasil.

JANELA HISTÓRICA COMPLEMENTAR

O Baile da Ilha Fiscal ocorreu no dia 9 de novembro de 1889, um sábado, em homenagem aos oficiais do navio chileno "Almirante Cochrane".

Inicialmente o baile foi marcado para o dia 19 de outubro, mas adiado por ocasião da morte do rei Luís I de Portugal (1861-1889), sobrinho de Pedro II. O evento comemorava também as bodas de prata da princesa Isabel e do conde d'Eu.

Além disso, a intenção do Visconde de Ouro Preto, Presidente do Conselho de Ministros da Monarquia, era tornar inesquecível o baile e reforçar a posição do Império, contra as conspirações republicanas.

D. Pedro II não acreditava no levante a ponto de dizer "Conheço os brasileiros, isso não vai dar em nada". Seis dias após o baile, o golpe militar acabou com a Monarquia no Brasil. Estima-se que cerca de três a cinco mil pessoas participaram da festa de despedida da Monarquia.

Depois que D. Pedro II tomou consciência, tardiamente, que o golpe arquitetado por uma minoria republicana e parte do Exército não era contra o seu principal ministro, o Visconde de Ouro Preto, mas sim contra a própria Monarquia, ele tentou em vão reverter a situação, procedendo à demissão coletiva do seu Ministério, buscando fórmulas conciliatórias. Tarde demais.

Amigos tentaram promover um encontro entre o Imperador e Deodoro, o principal líder do Exército. O Marechal em princípio até concordou, mas logo desistiu.

Tudo indica que D. Pedro II não fez o que precisava fazer para defender a Monarquia. Faltou habilidade política e até mesmo interesse em entender o que se passava. Talvez, se o Imperador, no começo do movimento, procurasse o então amigo Deodoro para conversar sobre o levante militar e buscasse uma simples conciliação, com a tomada de algumas decisões de ordem prática, muito provavelmente o golpe não teria acontecido, pelo menos naquele momento e da forma como foi feito.

A vulnerabilidade da Monarquia liberal de Pedro II era tão grande que acabou permitindo que os golpistas trabalhassem com toda tranquilidade e praticamente sem nenhuma defensiva ou ofensiva por parte das forças monárquicas. É bem verdade que o Imperador não queria o derramamento de sangue, mas poderia no nascedouro do movimento tomar as medidas necessárias e sem nenhum derramamento de sangue para evitar a ação dos oportunistas sedentos pelo poder.

Diz um provérbio senegalês: **"Que pena! Agora já é depois ... Muito tarde!**

Informa J.A.Gueiros no livro "História de um Príncipe", pág. 30, *que "Na madrugada do dia 17 de novembro o tenente-coronel João Nepomuceno de Medeiros Mallet, que um mês antes tinha sido demitido por Ouro Preto do comando da Escola Militar do Ceará, bateu à porta do palácio e mandou acordar a família imperial, falando já em nome do governo provisório da República e exigindo que D. Pedro, Dona Thereza Cristina, a princesa Isabel e o Conde d'Eu embarcassem imediatamente para o exílio. Eram três horas da manhã e chovia muito sobre o Rio. Os republicanos queriam aproveitar aquela hora tardia, sem movimento nas ruas, para despachar o monarca destronado longe das vistas do povo, assim evitando manifestações de solidariedade."*

Como vimos, o golpe foi dado por uma parte do Exército Brasileiro sem qualquer apoio popular e nem mesmo da Marinha. Portanto, quisera o Imperador reagir, provavelmente conseguiria reverter ao *status quo*.

Continua J. A. Gueiros. *"A princesa Isabel recusou-se a embarcar sem seus filhos, enviados a Petrópolis logo após o golpe, pois o Conde d'Eu temera a eclosão de tumultos no Rio. Depois de exaltadas negociações, o tenente Mallet cedeu e providenciou um trem especial com guardas para trazer de Petrópolis os três meninos: Pedro de Alcântara, com 15 anos ... Luiz (11 anos) e Antonio (8 anos). Ficou acertado que o navio para o exílio, já fundeado na baía, só partiria depois que os garotos chegassem para juntarem-se à família."*

D. Pedro II perguntava aos seus algozes qual o motivo de tanta pressa em embarcá-lo? Quando o militar respondia que era uma determinação do novo governo, o Imperador indagava: Que governo? Do governo republicano, respondia o Oficial. Deodoro está envolvido nisso, retrucava o Imperador. Quando soube que o antigo amigo era o chefe do governo provisório, não entendia como isso poderia estar acontecendo.

O neto mais velho de D. Pedro II, o primogênito da Princesa Isabel e do Conde d'Eu, Pedro de Alcântara, então com 15 anos, por sua vez, achava que o avô, D. Pedro II, deveria reagir aproveitando o apoio de parte do próprio Exército, da Marinha e da maioria da população. Bastava simplesmente uma convocação. Mas o Imperador não queria confronto e, sendo assim, renunciou à luta e seguiu para o exílio com toda a sua família, triste, humilhada, quase com a roupa do corpo e sem entender exatamente o que se passava.

Quando chegou, em Lisboa em 7 de dezembro de 1889, muitos jornalistas aguardavam uma declaração enérgica em relação aos golpistas, mas D. Pedro II limitou-se às declarações amenas a respeito de literatura ou de assuntos científicos. J. A. Gueiros no seu livro nos informa à pág. 34, que o imperador "Não era um temperamental como seu pai. Suave, tímido e diplomático, deixou nos jornalistas uma impressão de tibieza. Pudera! Sua vida tinha sido bem melancólica. Perdera a mãe com um ano de idade. O pai o deixara para regressar a Portugal quando ele apenas completara cinco anos. Fora um menino triste, abandonado no palácio de São Cristóvão, entre tutores, aias, padres e preceptores que o transformariam num adolescente introspectivo, voltado para o estudo e para pesquisa científica. Numa terra cheia de sol ele preferia a sombra dos gabinetes e das bibliotecas. Já adulto, na plenitude do Império, mostrou-se tolerante com a oposição, deixou livre a imprensa que o atacava sem piedade e até admitiu deputados republicanos no parlamento. Por tudo isso, por agir como um legítimo democrata numa época em que os imperadores ainda seguiam a linha-dura absolutista, foi chamado de fraco, de omisso.

Em Lisboa, recusou honrarias e hospedagens oficiais, preferindo residir no modesto hotel Bragança. De lá, foi morar no Porto onde sua mulher Thereza Cristina faleceu decorrente de colapso cardíaco. Pouco depois do período de exílio, já doente, foi viver em Paris onde alimentava o espírito, visitando academias e museus, ouvindo conferências e palestras científicas, encontrando intelectuais do porte de Victor Hugo, Gobineau e Júlio Verne.

No dia 05 de dezembro de 1891, aos 66 anos, faleceu de insuficiência respiratória. De acordo ainda com J.A. Gueiros, "Nas últimas notas que escreveu estava a frase de Victor Hugo: **"Há momentos em que, qualquer que seja a posição do corpo, a alma está de joelhos".** Seu enterro foi um dos maiores acontecimentos já registrados na capital francesa. Seu corpo foi depositado no Panteão dos Bragança, no Convento de São Vicente de Fora, em Lisboa, ao lado do seu pai, D. Pedro I.

Em 1921, depois de revogada no Brasil a Lei do banimento, os restos mortais de Dom Pedro II foram transladados para Petrópolis, onde até hoje repousam ao lado da imperatriz Thereza Cristina, na catedral cuja construção se iniciou sob seu patrocínio.

XIX
CONSIDERAÇÕES FINAIS

E ASSIM, CHEGAMOS AO TÉRMINO DA PRIMEIRA PARTE DE **"Passos com História"** no Rio de Janeiro.

A segunda parte começará a partir do Segundo Império, oportunidade em que seguiremos destacando ruas, prédios, monumentos e museus, entre outros, como uma das formas de conhecer um pouco mais a nossa linha do tempo e abrir espaço para novas perspectivas.

Escreveremos sobre a Abolição da escravatura, a Guerra do Paraguai, o início da República e o Coronelismo; conheceremos melhor a Princesa Izabel e Conde D'Eu, o Palácio Guanabara e o Palácio Laranjeiras; Visitaremos a Igreja de São José, localizada bem ao lado do Palácio Tiradentes e subiremos imaginariamente o Morro do Castelo para apreciar e conversar sobre outra parte do Centro da cidade, não menos interessante e importante da que acabamos de ver. Ressaltaremos um pouco da História do Poder Judiciário do Estado do Rio de Janeiro, com destaque para a "Justiça Itinerante do Estado". Iremos à Ladeira e ao Largo da Misericórdia, ao Museu Histórico Nacional, ao Museu da Imagem e do Som, à Igreja Nossa Senhora do Bonsucesso e de Santa Luzia, passando ainda pela Academia Brasileira de Letras e Palácio Austregésilo de Athayde. Além disso, falaremos sobre o Centro Cultural da Justiça Federal, da Justiça Estadual, Biblioteca Nacional, Museu de Belas Artes, Cinelândia, Teatro Municipal, Arcos da Lapa, mudanças urbanísticas, Igrejas, religiões, entre outros.

Nosso objetivo, portanto, não é apresentar uma espécie de catálogo de monumentos históricos do Rio de Janeiro, mas sim passear pela Cidade levando em consideração, ainda que de forma resumida, o contexto histórico para melhor entender o que se passou, o que se passa e olhando sempre para o futuro. Dessa forma, abortamos a narrativa tão somente factual e cronológica, por uma forma de conversa simples sobre os fatos, sem abrir mão do soberano ato de pensar.

Após muitas caminhadas, visitas, conversas e leituras, vimos claramente, que precisamos avançar no que concerne ao nosso processo histórico. Atualmente, vivenciamos uma espécie de estagnação em razão da proposital falta de incentivos a uma educação digna, libertadora de "políticas" miúdas, rasteiras e que, por isso mesmo, facilitam a permanência dos chamados "oportunistas de plantão". O ensinamento de Joseph Stalin, por incrível que pareça, continua sendo lamentavelmente utilizado por governos da América em pleno século XXI, a fim de que o povo não tenha acesso a uma educação verdadeira, pois, através dela os cidadãos poderiam escolher outros caminhos. Dizia ele: *"**Não os deixamos ter ideias. Por que deixaríamos terem armas**"*.

Como já havíamos mencionado anteriormente, quando os governos não fazem o que precisa ser feito, ou seja, as chamadas reformas estruturais importantes para o país, quando é inexistente a figura do estadista, o que sobra é o populismo, o assistencialismo, a "politicagem" eleitoreira e de barganha de cargos e verbas, complicando sobremaneira o processo ao qual nos referimos. Nesse início de século, aqui entre nós, as eleições são utilizadas principalmente como fachada de um país democrático. A crise de representação política é absurdamente preocupante e a corrupção foi institucionalizada. Além disso, a população convive com uma carga tributária perversa em um ambiente de descrédito, interno e externamente, o que, por sua vez, impede ou dificulta a roda do crescimento.

A história existe para nortear a transformação de um povo, e não para ser abandonada, esquecida ou manipulada como estamos vendo.

A estagnação do nosso desenvolvimento é latente, pois, os governos continuam perigosamente negligenciando a formação do sentido histórico. E nesse caso, **"se o futuro é o passado em preparação"**, como dizia Millor Fernandes, as atuais e as próximas gerações terão que trabalhar duro para tentar recuperar o tempo perdido. De qualquer forma, é preciso arregaçar as mangas considerando que somos todas as partes do todo no qual estamos inseridos.

FIM

REFERÊNCIAS BIBLIOGRÁFICAS

Armelle Enders, A História do Rio de Janeiro, pgs. 1-8, 3ª edição, 2015 – Tradução de Joana Angélica D'Ávila Melo.

Andreia Martins, Texto "Darcy Ribeiro e 'O Povo Brasileiro: obra ainda é chave para entender a formação étnica e cultural do Brasil, publicação UOL, 27/03/2015.

Martha Abreu, "O Império do Divino", Editora Nova Fronteira, 1999, 406 páginas.

Eduardo Bueno, " Brasil – Uma História", 1ª reimpressão, Editora Leya, 2012, páginas 146 e 147.

Boris Fausto, História Concisa do Brasil – Edusp: Editora da Universidade de São Paulo, 2012, 2ª edição, 5ª reimpressão, página 59.

Brasil Gerson, "História das Ruas do Rio" – 6ª edição, Editora Bem-Te-Vi, 2013, páginas 40 e 41.

Fragmentos Arqueologicos – fragmentosarqueologicos.blogspot.com.br, 14/12/2014.

Rio de Janeiro Aqui – www.riodejaneiroaqui.com.br,

Pesquisando História no Rio de Janeiro – Cais Pharoux, 05/03/2012.

Rio Antigo por Paulo Pacini – www.jblog.com.br/rioantigo.php, 31/05/2010.

Eduardo Bueno, "Brasil – Uma História", 1ª reimpressão, Ed. Leya, 2012, páginas 121/125.

Brasil Mestre Valentim da Fonseca e Silva – HCTE – UFRJ – www.hcte.ufrj.

Enciclopédia Itaú Cultural – enciclopédia.itaucultural.org.br//pessoa215791/mestre valentim.

Brasil Gerson, História das Ruas do Rio, 6ª edição, Editora Bem-Te-Vi, 2013, páginas 42-48.

Álbum de Nick Theroy – Blog de Niterói;

Jornal "O Globo" – Matéria publicada em 29/11/2013 – Coluna Gente Boa;

Revista VEJA, edição 2419 – Entrevista c/ o Prefeito do Rio de Janeiro;

Blog: Flickr – www.flickr.com/photos.com;

Cipriano Carlos Luckesi e Elisete Silva Passos – Introdução à Filosofia – 7ª ed. Ed. Cortez, 237 páginas;

Mario Sergio Cortela – Não se desespere! Provocações filosóficas, 5ª edição, Editora Vozes, 140 páginas;

Jorge Rubies - "A história do Palácio Monroe e sua destruição publicada no www. skyscrapercity.com;

Alma carioca – Destruição do Palácio Monroe - www.almacarioca.com.br;

Jornal do Brasil – Edição de 28/01/1976 – Ação popular para impedir a demolição do Palácio Monroe;

Karl Jarpers, Introdução ao Pensamento Filosófico – Ed. Cultrix – SP – Tradução de Leonidas Hegenberg e Octanny Silveira da Mota, 148 páginas.

Boris Fausto, História Concisa do Brasil, Ed. USP, 2012, pgs.16, 22, 23 e 24;

Eduardo Bueno, Brasil: Uma História, Ed. Leya, 2012, pgs.17,18,19 e 25;

Ribamar Bessa Freire da UFRJ – Publicação no Blog " Taqui pra ti" , Manaus, " O Rio de Janeiro continua índio" em 1º/04/2015;

Mércio Pereira Gomes – " Os índios e o Brasil, Ed. Contexto, 2012, pgs. 269 – 275 e 286 – 293;

Itaporahoje.com – Publicação, 11/07/2014 – Itapoã – MS.

João Pacheco de Oliveira, Prof. do Museu Nacional da UFRJ em Entrevista ao Núcleo de Defesa dos Direitos dos Povos e Comunidades Tradicionais, 08/06/2013.

Brasil Gerson, História das Ruas do Rio, Editora Bem-Te-Vi, 6ª edição, pgs. 42-48.

Catálogo de Prédios do PJERJ – 2014.

Centro, Praça Quinze de Novembro – www.marcilio.com;

Site Museu Histórico Nacional – " prédio & entorno" , século XVI – www.museuhistoriconacional.com.br.

Eduardo Bueno, Brasil: Uma História, Ed. Leya, 2012, 1ª reimpressão, pgs. 297-299;

Jornal Flit Paralisante – https: flitparalisante.wordpressw.com – Herói injustiçado: João Cândido – " O almirante Negro" ;

G1.globo.com/riodejaneiro – Estátua de D. João VI;

História Viva – www2.uol.com.br/historiaviva/reportagens – Silvia Capanema P. de Almeida;

Eduardo Bueno – Brasil: Uma História, Ed. Leya, 2013, pgs 145 – 148;

Rio de Janeiro Aqui – www.riodejaneiroaqui.com/portugueses/largo-paco-praca15.html;

Paço Imperial - Da morada dos nobres a Centro Cultural – opiniãoenoticia.com.br, 18/05/2015;

Árvore genealógica da Família Imperial Brasileira – História e Personagens – Museu Imperial.

Boris Fausto, História Concisa do Brasil, Ed USP, 2012, pgs. 79-85;

Eduardo Bueno, Brasil: Uma História, Ed. Leya, 2012, pgs. 181-193;

Leandro Narloch, Guia Politicamente Incorreto da História do Brasil, Ed. Leya,2011, pgs.271-289;

Leontino R.B. Massot, " A História da Independência do Brasil contada pelos negros"

Brasil Gerson, História das Ruas do Rio, Editora Bem-Te-Vi, 6ª edição, pgs. 49-52.

Blog Diário do Rio – www.diariodorio.com/conheca-a-historia-do-arco-do-teles;

Centro Cultural Correios – www.correios.com.br;

A importância dos Museus e Centros Culturais na Recuperação de Centros Urbanos – www.ilam.org/ILAMDOC/Aimportancia-pdf;

Casa França Brasil – www.casafrancabrasil.rj.gov.br;

Centro Cultural Banco do Brasil – culturabancodobrasil.com.br;

Memórias: comunicativa e Cultural – www.iea.usp/noticias.

Isidoro Mazzarolo, "Jesus e a Física Quântica", Editora PUC-Rio.

Brasil Gerson, História das Ruas do Rio, Ed. Bem-Te-Vi, 6ª edição, pgs. 209-215.

Igreja da Candelária – Secretaria de Estado de Cultura – mapadecujltura.rj.gov.br;

Igreja da Candelária – Arquitetura e História - Rio de Janeiro Aqui – www.riodejaneiroaqui.com;

Igreja da Candelária – Site Rio de Janeiro – Sua História e Seus Encantos – www.marcilio.com;

A História da Av. Presidente Vargas – historiadorio.wordpress.com;

O bota-abaixo que deu origem a Presidente Vargas – oglobo.globo.com

Vinte anos da chacina da Candelária – anistia.org.br.

Laurentino Gomes, Os 140 anos da Rua 1º de Março – laurentino.gomes.com.br;

Escola de Cinema Darcy Ribeiro – www.escoladarcyribeiro.org.br;

Fundação Darcy Ribeiro – www.fundar.org.br;

Darcy Ribeiro – Biografia – educacao.uol.com.br;

Darcy Ribeiro – Brasil Escola – www.brasilescola.com;

Coluna Patrimônio Histórico – Leonardo Ladeira – www.rioecultura.com.br;

Igreja da Ordem Terceira do Carmo – www.igrejanscarmorj.com.br.

História – Geografia – Portugal – D. Maria I – história-geografia-portugal.wikispaces.com;

Adalto Gonçalves – acervo.revistabula.com – D. Maria I: louca, piedosa ou uma incógnita.

Site da Catedral Metropolitana da Arquidiocese de São Sebastião do Rio de Janeiro – www.caatedral.com.br.

Eduardo Bueno, Brasil: Uma História, Ed. Leya, Versão compacta, 2013, fls. 137-141;

Palácio Tiradentes – www.alerj.rj.gov.br.

As histórias dos monumentos do Rio de Janeiro – ashistoriasdosmonumentosdo-rio.blogspot.com.br;

Caio Barreto Briso – Jornal " OGLOBO" – Primeiro monumento da República no Rio ... sofre vandalismo.

Laurentino Gomes, " 1889" , Editora Globo, 1ª edição, 2013, páginas 39 - 65;

J.A. Gueiros, História de um Príncipe, Editora Record, 1997, páginas 25-37

Baile da Ilha fiscal – www.riodejaneiroaqui.com;

Paulo Cannizzaro – Baile da Ilha fiscal – www.paulocannizzaro.com.br.

Este livro foi composto
em Minion Pro pela Editora
Autografia e impresso em
papel offset 75 g/m².